读懂成功之路

郝永平　著

人民日报出版社

图书在版编目（CIP）数据

读懂成功之路 / 郝永平著．—北京：人民日报出版社，2024.1

ISBN 978-7-5115-7203-5

Ⅰ．①读…　Ⅱ．①郝…　Ⅲ．①中国共产党—党员—思想政治教育—研究　Ⅳ．①D261.42

中国国家版本馆 CIP 数据核字（2023）第 163770 号

书　　名：读懂成功之路
DUDONG CHENGGONGZHILU
作　　者：郝永平

出 版 人：刘华新
责任编辑：周海燕　马苏娜
封面设计：元泰书装

出版发行：人民日报出版社
社　　址：北京金台西路 2 号
邮政编码：100733
发行热线：（010）65369509　65369527　65369846　65363528
邮购热线：（010）65369530　65363527
编辑热线：（010）65369518
网　　址：www.peopledailypress.com
经　　销：新华书店
印　　刷：大厂回族自治县彩虹印刷有限公司
法律顾问：北京科宇律师事务所　（010）83622312

开　　本：710mm×1000mm　1/16
字　　数：205 千字
印　　张：16
版　　次：2024 年 1 月第 1 版
印　　次：2024 年 1 月第 1 次印刷

书　　号：978-7-5115-7203-5
定　　价：58.00 元

目录

第一章 辉煌历程与成功密码

第二章 初心使命与价值追求

第三章 精神谱系与理论指导

第四章 总揽全局与引领航向

第一章

辉煌历程与成功密码

百年大党书写最恢宏的史诗

党的十九届六中全会审议通过的《中共中央关于党的百年奋斗重大成就和历史经验的决议》（以下简称《决议》）指出，“党和人民百年奋斗，书写了中华民族几千年历史上最恢宏的史诗”。这一重大论断充分彰显了中国共产党人继往开来的高度自信和历史担当。正确认识党的百年奋斗的历史意义，对于深入学习贯彻党的十九届六中全会精神，在新时代更好坚持和发展中国特色社会主义，进而走好全面建设社会主义现代化国家新征程，具有十分重要的意义。

百年大党书写了带领人民创造美好生活的不懈奋斗史

《决议》指出，“一百年来，党领导人民经过波澜壮阔的伟大斗争，中国人民彻底摆脱了被欺负、被压迫、被奴役的命运，成为国家、社会和自己命运的主人，人民民主不断发展，十四亿多人口实现全面小康，中国人民对美好生活的向往不断变为现实”。作为马克思主义政党，我们党摆脱了以往一切政治力量追求自身特殊利益的局限，始终坚守为中国人民谋幸福、为中华民族谋复兴的初心和使命，并一以贯之地体现到党的全部奋斗之中。

彻底改变了中国人民被动挨打、饱受欺凌的悲惨命运。百年前的旧中国，在帝国主义列强轮番侵略和瓜分之下沦为半殖民地半封建社会，国家蒙辱、人民蒙难、文明蒙尘。为了改变中国人民任人宰割的悲惨命运，我们党带领人民进行了艰苦卓绝的斗争、付出了巨大牺牲，推翻了压在中国人民头上的帝国主义、封建主义、官僚资本主义三座大山，实现民族独立、人民解放，彻底结束了旧中国半殖民地半封建社会的历史，彻底废除了列强强加给中国的不平等条约和帝国主义在中国的一切特权，中国人民从此站起来了，中华民族任人宰割、饱受欺凌的时代一去不复返。

彻底改变了中国人民受束缚、被奴役的痛苦命运。百年前的旧中国，受到外国资本、本国官僚资本和封建势力的多重压迫，人民过着毫无政治权利的生活，不自由的程度世所罕见。百年来，在中国共产党的不懈奋斗下，中国人民的民主权利不断提升，从陕甘宁边区的“豆选”到北京人民大会堂的郑重投票，从建立“三三制”为原则的抗日民主政权到确立人民民主专政的社会主义国家制度，再到形成一整套全过程人民民主制度体系，确保全体人民依法通过各种途径和形式管理国家事务、管理经济和文化事业、管理社会事务，彻底结束了极少数剥削者统治广大劳动人民的历史，实现了中国从几千年封建专制政治向人民民主的伟大飞跃，人民真正成为国家、社会和自己命运的主人。

彻底改变了中国人民一穷二白的贫穷命运。百年前的旧中国，中国人民处在积贫积弱、衣不蔽体、食不果腹、饥寒交迫的凄苦境况。百年来，我们党领导人民完成社会主义革命，消灭一切剥削制度，实现了一穷二白、人口众多的东方大国大步迈进社会主义社会的伟大飞跃；我们党领导人民进行改革开放和社会主义现代化建设，奋力改变一穷二白的落后面貌，实现了人民生活从温饱不足到总体小康的历史性跨越；我们党领导人民奋力开创中国特色社会主义新时代，团结带领人民坚决打赢脱贫攻坚战，历史性解决了绝对贫困问题，人民生活全方位改善，人民群众的获得感、幸福感、安全感更加充实、更有保障、更可持续，正在推动共同富裕不断取得实质性进展。

百年大党书写了实现中华民族伟大复兴的道路探索史

《决议》指出，“一百年来，党领导人民不懈奋斗、不断进取，成功开辟了实现中华民族伟大复兴的正确道路”。坚定不移走中国特色社会主义道路，不仅创造了经济快速发展和社会长期稳定两大奇迹，而且前所未有地接近实现中华民族伟大复兴。

依靠社会主义救中国。鸦片战争后，中华民族陷入内忧外患的苦难深渊，无数仁人志士前赴后继探求救国救民的道路，各种主义和道路都进行过尝试，太平天国运动、洋务运动、戊戌变法、义和团运动接连而起，各种救国方案轮番出台，但都没能解决中国的前途和命运问题。直到十月革命一声炮响，中国先进分子才找到了解决中国问题的出路——社会主义。沿着社会主义的前进方向，我们党团结带领人民经过长期浴血奋战，完成了新民主主义革命，建立了新中国，中国发展从此开启了新纪元。之后我们党带领人民进行社会主义革命，确立社会主义基本制度，推进社会主义建设，为当代中国一切发展进步奠定了根本政治前提和制度基础。

依靠社会主义发展中国。在党的十一届三中全会上，我们党作出把党和国家工作中心转移到经济建设上来、实行改革开放的历史性决策，破除阻碍国家发展的一切思想观念和体制机制障碍，开辟了中国特色社会主义道路，并在严峻复杂的国内外形势下坚持和发展了中国特色社会主义，实现了从高度集中的计划经济体制到充满活力的社会主义市场经济体制、从封闭半封闭到全方位开放的历史性转变，实现了从生产力相对落后的状况到经济总量跃居世界第二的历史性突破，使中国大踏步赶上时代，为实现中华民族伟大复兴提供了充满新的活力的体制保证和快速发展的物质条件。

前所未有地接近实现中华民族伟大复兴的目标。党的十八大以来，以习近平同志为核心的党中央统筹把握中华民族伟大复兴战略全局和世界百年未有之大变局，统揽伟大斗争、伟大工程、伟大事业、伟大梦想，统筹推进“五位一体”总体布局，协调推进“四个全面”战略布局，战胜一系列重大风险挑战，推动党和国家事业取得历史性成就、发生历史性变革，胜利实现第一个百年奋斗目标，开启全面建设社会主义现代化国家新征程，为实现中华民族伟大复兴提供了更为完善的制度保证、更为坚实的物质基础、更为主动的精神力量，使得中华民族伟大复兴进入了不可逆转的历史进程。

百年大党书写了推动马克思主义中国化时代化的理论创新史

《决议》指出，“一百年来，党坚持把马克思主义写在自己的旗帜上，不断推进马克思主义中国化时代化，用博大胸怀吸收人类创造的一切优秀文明成果，用马克思主义中国化的科学理论引领伟大实践”。党的百年奋斗充分展示了我们党不断以马克思主义中国化时代化新飞跃开辟马克思主义新境界，不断用中国化马克思主义指导实践取得新成就的历史进程，彰显了中国化马克思主义强大的真理力量和巨大的实践伟力。

充分证明了马克思主义的科学性真理性。马克思主义是科学的理论，创造性地揭示了人类社会发展规律，至今占据着道义和真理的制高点，为我们党夺取新民主主义革命伟大胜利、完成社会主义革命和推进社会主义建设、进行改革开放和社会主义现代化建设、开创中国特色社会主义新时代提供了强大思想武器。百年来，我们党坚持把马克思主义基本原理同中国具体实际、同中华优秀传统文化相结合，创立了毛泽东思想、邓小平理论，形成了“三个代表”重要思想、科学发展观，创立了习近平新时代中国特色社会主义思想，指导党和人民事业不断开创新局。党的创新理论是坚持与运用马克思主义立场观点方法的光辉典范，不断深化了对共产党执政规律、社会主义建设规律、人类社会发展规律的认识。

有力贯彻了马克思主义的人民性实践性。马克思主义之所以具有跨越国度、跨越时代的影响力，就是因为它植根人民之中，又致力于改变世界。人民至上是马克思主义的本质要求，崇尚实践是马克思主义的基本观点。我们党自诞生之日起就是中国最广大人民根本利益的忠实代表，并一以贯之地体现到党的全部奋斗实践中。在新民主主义革命时期，共产党人为了人民翻身得解放不怕流血牺牲；在社会主义革命和建设时期，共产党人为了人民过上好日子不怕吃苦；在改革开放和社会主义现代化建设新时期，共产党人为了人民实现全面小康不怕吃亏；在新时代，共产党人为了满足人民对美好生活的向往舍小家顾大家。我们党在为人民谋幸福的百年征程中，充分践行了马克思主义的人民性，切实贯彻了马克思主义的实践性。

生动彰显了马克思主义的时代性、开放性。马克思主义并没有封闭认识真理的道路，而是坚持开放的态度，随着时代的发展不断开辟追求真理的道路。我们党在领导革命、建设和改革的长期实践中，既顺应时代潮流、回答时代课题、完成时代任务，又以宽广的胸襟积极吸收借鉴人类文明发展的有益成果，坚持用鲜活丰富的社会实践来推动马克思主义中国化的理论创新。随着时代性、开放性的不断彰显，马克思主义正以崭新形象展现在世界上，使世界范围内社会主义和资本主义两种意识形态、两种社会制度的历史演进及其较量发生了有利于社会主义的重大转变。

百年大党书写了创造人类文明新形态的胸怀天下史

《决议》指出，“党的百年奋斗深刻影响了世界历史进程。党和人民事业是人类进步事业的重要组成部分”。大道之行，天下为公。一百年来，我们党始终以世界眼光关注人类前途命运，从人类发展大潮流、世界变化大格局、中国发展大历史正确认识和处理同外部世界的关系，坚持站在历史正确的一边，站在人类进步的一边，坚持既为中国人民谋幸福、为中华民族谋复兴，也为人类谋进步、为世界谋大同，以自强不息的奋斗深刻改变了世界发展的趋势和格局。

极大提升了中国的国际地位。百年前的中国在国际上是被欺侮、被宰割的弱国、穷国，毫无国际地位可言，在世界格局中濒于亡国灭种的境地，中国人甚至被称为“东亚病夫”。百年来，党带领中国人民历尽千辛万苦，成功建立社会主义中国、探索社会主义建设道路、推进改革开放新的伟大革命、创立和发展中国特色社会主义，在实现现代化的历史进程中一跃成为世界第二大经济体、第一大出口国和第二大进口国，成为拉动全球经济增长最重要的引擎；使得我国的面貌发生了翻天覆地的变化，从百年前受奴役受压迫到现在可以平视世界，并日益走近世界舞台中央，成为举足轻重的世界大国。

深刻塑造了世界格局和国际秩序。新中国的成立，壮大了世界社会主义阵营的力量，大大加强了世界和平民主的力量，改变了第二次世界大战后世界政治力量的对比。20 世纪 70 年代，中国在联合国的合法席位得到恢复，之后开启改革开放的大幕，逐渐融入世界经济大循环。进入新时代，从推进“一带一路”国际合作到推动构建人类命运共同体，从推动构建新型国际关系到倡导共商共建共享的全球治理观，我国国际影响力、感召力、塑造力显著提升，成为推动世界和平发展的参与者、建设者和引领者。由于中国特色社会主义不断推进，冷战结束后世界社会主义万马齐喑的局面得到很大程度扭转，社会主义同资本主义竞争的被动局面得到很大程度扭转，使得当前国际力量对比呈现出“东升西降”的历史性趋势。

奋力创造了人类文明新形态。由于西方国家是现代化的“先行者”，在相当长的历史时期西方国家垄断了对实现现代化路径的定义权。但是，在我们党的领导下，短短几十年中国就实现了从落后时代到赶上时代再到引领时代的历史性飞跃，走完了发达国家几百年走过的工业化、现代化进程。中国式现代化是人口规模巨大的现代化，是全体人民共同富裕的现代化，是物质文明和精神文明相协调的现代化，是人与自然和谐共生的现代化，是走和平发展道路的现代化。这一现代化模式创造了人类文明新形态，打破了西方在话语和制度上对“现代化”的垄断，不仅为中华民族伟大复兴开辟了光明前景，也拓展了发展中国家走向现代化的路径，给世界上那些既希望加快发展又希望保持自身独立性的国家提供了全新选择。

百年大党书写了以自我革命永葆生机的自身锻造史

《决议》指出，“一百年来，党坚持性质宗旨，坚持理想信念，坚守初心使命，勇于自我革命，在生死斗争和艰苦奋斗中经受住各种风险考验、付出巨大牺牲，锤炼出鲜明政治品格，形成了以伟大建党精神为源头的精神谱系，保持了党的先进性和纯洁性，党的执政能力和领导水平不断提高”。自我革命是我们党的最鲜明品格和独特优势，也是我们党百年风华正茂的基因密码和动力源泉。在百年奋斗征程中，我们党在激浊扬清中彰显了无产阶级政党的政治本色，在革故鼎新中重塑了无产阶级政党的政治优势，探索出了一条长期执政条件下解决自身问题、跳出历史周期率的成功道路。

保持了自身的先进性和纯洁性。一百年来，中国共产党始终坚持自我革命，注重刀刃向内和刮骨疗毒，及时清除党的健康肌体上的病菌和毒瘤，从而保持了自身的先进性和纯洁性。早在革命时期，我们党就对纪律作出明确规定，坚决查处贪污、以权谋私等消极腐化行为。在建设时期，我们党开展整风、整党，着力解决党内存在的思想不纯、作风不纯、组织不纯等问题。改革开放后，我们党把一手抓改革发展、一手抓惩治腐败贯穿社会主义现代化建设全过程。党的十八大以来，我们党坚持思想建党与制度治党同向发力，坚持“打虎”“拍蝇”“猎狐”，坚持无禁区、全覆盖、零容忍，坚持重遏制、强高压、长震慑，党的自我净化、自我完善、自我革新、自我提高能力显著增强，管党治党宽松软状况得到根本扭转。

锻造了高超的执政能力和领导水平。一百年来，我们党先后经历了革命战争时期的生死考验，经历了社会主义建设时期的探索与挫折，经历了改革开放以来市场经济发展带来的全新挑战，更经历了世界百年未有之大变局下各种风险挑战显著增多，特别是新冠疫情全球大流行带来的重大风险考验。在不断经受考验的过程中，党的领导地位不断得到巩固和强化，党总揽全局、协调各方的执政能力显著提升，党的政治领导力、思想引领力、群众组织力、社会号召力显著增强。实践充分证明，百年的艰苦历练，使得我们党无论面对如何复杂的国际国内形势，都能够深刻洞察、科学把握世界大势，在危急关头力挽狂澜、转危为安，确保党和国家事业沿着正确方向发展。

铸就了强大的精神力量。我们党之所以历经百年而风华正茂、饱经磨难而生生不息，就是凭着那么一股革命加拼命的强大精神。百年来，我们党团结带领人民不懈奋斗，形成与培育了以伟大建党精神为源头的精神谱系。党的精神谱系是党长期艰辛奋斗实践的产物，是党长期理论探索的思想结晶，是最为宝贵的财富，为立党兴党强党提供了丰厚精神滋养和强大精神支撑。不论是革命战争年代，还是社会主义革命和建设时期、改革开放和社会主义现代化建设新时期，乃至中国特色社会主义新时代，党的精神谱系都是加强和改进党的自身建设的有力武器，都激励和鞭策着一代又一代的中国共产党人不忘初心、牢记使命，前赴后继、奋勇前进。中国共产党的百年历史，不仅是艰苦卓绝的奋斗史，更是中国共产党人的精神锻造史。

（《中国纪检监察报》2021 年 12 月 23 日第 5 版）

从党的百年奋斗历程中获取前行的定力与动力

党的十九届六中全会，在总结党的百年奋斗重大成就和历史经验的同时，也吹响了全党全国各族人民向第二个百年奋斗目标进军的冲锋号。回首百年，中国共产党在取得彪炳史册的巨大物质成就和制度成果的同时，也铸造出一座丰富而厚重的精神宝库，为中国、中国人民、中华民族提供了一种最深沉、最持久的力量源泉与精神动力。从党的百年奋斗中看清楚过去我们为什么能够成功，才能弄明白未来我们怎样继续成功。在开启全面建设社会主义现代化国家的新征程上，我们要从党的百年历程中充分汲取成长的营养与前行的力量，提振奋进新征程的强大动力，争取赢得更大的胜利和荣光。

一、敢于坚持真理、修正错误

一百年来，中国共产党始终高扬马克思主义伟大旗帜，始终坚持追求真理、修正错误，从而保持了强大的战斗力和旺盛的生命力。坚持真理与修正错误是中国共产党的科学品质，是党的事业转危为安、转败为胜的重要经验。1945 年，毛泽东同志在领导起草和修改党的第一个历史决议时，提出了“坚持真理，修正错误”的口号，并把这八个字醒目地悬挂在党的七大会场两侧，强调共产党人要随时准备坚持真理，随时准备修正错误。

自成立以来，中国共产党始终以马克思主义理论为指导，历经曲折与磨难而无所畏惧，用鲜血和汗水追求真理、探索真理、捍卫真理。革命战争年代，党将马克思列宁主义基本原理与中国革命具体实践相结合，创立了毛泽东思想，取得了新民主主义革命的胜利，中国人民从此站起来了。新中国成立以后，党在探索经济文化落后的东方大国如何建设社会主义过程中，不断深化对社会主义建设规律的认识，继续丰富和发展了毛泽东思想，为在新的历史时期开创中国特色社会主义提供了宝贵经验、理论准备、物质基础。改革开放以来，党紧紧围绕什么是社会主义、怎样建设社会主义，建设什么样的党、怎样建设党，实现什么样的发展、怎样实现发展等重大问题，将马克思主义与改革开放的伟大实践相结合，以科学精神探寻社会发展规律，不断解答时代提出的新情况新问题，创立了邓小平理论，形成了“三个代表”重要思想、科学发展观，推动马克思主义中国化时代化实现新的飞跃，带领中国人民实现了从站起来到富起来的伟大飞跃。党的十八大以来，党继续把马克思主义作为思想命脉、政治灵魂，系统回答了新时代坚持和发展什么样的中国特色社会主义、怎样坚持和发展中国特色社会主义，建设什么样的社会主义现代化强国、怎样建设社会主义现代化强国，建设什么样的长期执政的马克思主义政党、怎样建设长期执政的马克思主义政党等重大时代课题，创立了习近平新时代中国特色社会主义思想这一光辉理论成果，在理论上深化了对共产党执政规律、社会主义建设规律、人类社会发展规律的认识，开拓马克思主义新境界，实现马克思主义中国化时代化新的飞跃，带领中国人民迎来从富起来到强起来的伟大飞跃。

中国共产党是成熟的、负责任的大党，对于党曾经在各个历史时期所走过的弯路并不讳言，敢于公开郑重地承认错误、反思错误、改正错误，并将这些错误同党的成功经验一起作为宝贵的历史教材。1945 年 4 月 20 日，党的六届七中全会正式通过的《关于若干历史问题的决议》，总结了党从成立到抗日战争全面爆发这一时期的正反两方面的斗争经验，着重深刻剖析了六届四中全会到1935年遵义会议这段时间所犯的“左”倾路线错误的主要内容、危害以及其原因，分清了党的历史上的路线是非，使全党特别是党的高级干部对中国革命基本问题的认识达到了一致，增强了全党团结，为党的七大胜利召开创造了充分条件，有力促进了中国革命事业发展。1981年6月27日，党的十一届六中全会上通过的《关于建国以来党的若干历史问题的决议》（以下简称《决议》）同样是敢于面对错误、勇于纠正错误的典范。《决议》对新中国成立以来的主要工作、重大历史事件，特别是对毛泽东同志的历史地位和毛泽东思想的科学体系都做了实事求是、恰如其分的评价，标志着党在指导思想上胜利地完成了拨乱反正的历史任务，统一了全党思想，对推动党团结一致向前看、更好推进改革开放和社会主义现代化建设产生了重大影响。

党的十九届六中全会通过的《中共中央关于党的百年奋斗重大成就和历史经验的决议》，坚持辩证唯物主义和历史唯物主义的世界观与方法论，坚持正确的党史观与大历史观，准确把握历史发展的主题主线、主流本质，正确对待党在前进道路上经历的失误和曲折，从成功中吸取经验，从失误中吸取教训，不断开辟走向胜利的道路。这对推动全党进一步统一思想、统一意志、统一行动，团结带领全国各族人民夺取新时代中国特色社会主义新的伟大胜利，具有重大现实意义和深远历史意义。新征程上，要坚持马克思主义的指导地位，坚持实事求是的思想路线，坚持被实践证明正确的路线、方针、政策；也要修正认识上的偏差、决策中的失误、工作中的缺点，坚决反对教条主义、主观主义、形式主义、官僚主义等错误思想倾向；还要将坚持真理与修正错误结合起来，用唯物史观来认识历史，分清主流与支流，区分现象与本质，达到以真理的精神追求真理的思想境界，锻造勇于修正错误的高贵品格，做马克思主义的忠实捍卫者、坚定继承者、自觉践行者。

二、坚持依靠人民、造福人民

一百年来，党与人民心心相印、风雨同舟、生死与共，始终保持血肉联系，坚持全心全意为人民服务的根本宗旨，坚持“一切为了群众，一切依靠群众，从群众中来，到群众中去”的群众路线，在奋斗历程中不断铸就辉煌。人民立场是中国共产党的根本立场，是党区别于其他任何政党的显著标志。依靠人民是前提，造福人民是归宿，两者是推动党的事业发展的出发点和落脚点。

中国共产党坚持人民创造历史这一马克思主义科学原理，紧紧依靠人民，最广泛地调动起人民群众的积极性、主动性和创造性，拥有了认识世界、改造世界的磅礴伟力，创造了辉煌的业绩。人民是我们党的力量源泉、胜利之本，没有人民的支持和参与，就会失去根基、失去血脉、失去力量，任何革命、建设与改革都不可能取得成功。依靠人民，还要尊重人民的首创精神，从人民中汲取智慧，向人民学习，像毛泽东同志说的那样，“先做学生，然后再做先生”。人民中蕴藏着无限的创造力、丰富的经验和知识，每一次实践上的突破、每一个理论上的创新，无不凝结着人民群众的智慧，无不依赖于人民群众的支持。民心是最大的政治，正义是最强的力量。中国共产党依靠人民，从数十人发展到拥有 9500 多万人的大党，跨过一道道沟坎，取得了一个个胜利，创造出彪炳千秋的历史伟业，为中华民族作出了伟大历史贡献。

中国共产党的一切工作，都以符合最广大人民的根本利益为最高标准，以造福人民、实现人的全面自由发展为最终目标。在党的带领下，中国人民经历了伟大的革命、建设与改革，政治上获得解放与独立，享有当家作主的权利，将命运牢牢掌握在自己的手中；经济上，从贫困到温饱再到小康，人民生活水平发生了翻天覆地的变化；文化上，人民享有了更丰富、更多样、更繁荣的文化成果，在精神生活上更加充实、自由、有尊严。党的十八大以来，习近平总书记郑重承诺，“人民对美好生活的向往，就是我们的奋斗目标”，提出了以人民为中心的发展思想，指出“为中国人民谋幸福，为中华民族谋复兴”是中国共产党人的初心和使命。以习近平同志为核心的党中央提出共享发展理念，打响精准脱贫攻坚战，历史性地消除了绝对贫困和区域性整体贫困，全面建成小康社会目标顺利完成，中华民族千百年的绝对贫困问题得到历史性解决。党的十九届五中全会明确提出了要促进人的全面发展，擘画了实现共同富裕的路线图、时间表、任务书，指出到 2035 年“人民生活更加美好，人的全面发展、全体人民共同富裕取得更为明显的实质性进展”。党的十九届六中全会将坚持人民至上作为党的宝贵历史经验之一，强调江山就是人民、人民就是江山，坚持一切为了人民、一切依靠人民；只要坚定不移走全体人民共同富裕道路，就一定能够领导人民夺取中国特色社会主义新的更大胜利。

新征程上，要从党的百年历程中汲取力量源泉上的经验与智慧，既要有依靠人民、向人民学习的高度自觉，更要有造福人民、实现好维护好发展好最广大人民根本利益的博大情怀。

三、善于把握机遇、应对挑战

一百年来，中国共产党紧紧把握历史发展大势，抓住历史变革时机，不断增强机遇意识和风险意识，准确识变、科学应变、主动求变，克服了世所罕见的困难，也取得了前所未有的成功。机遇与挑战是一个事物的两个方面，机遇可以变为挑战，挑战可以成为机遇，要紧紧抓住机遇，积极应对挑战，推动党的事业不断发展。

中国共产党善于运用马克思主义的立场观点方法，分析国内外的形势，注重把握历史机遇，进而才取得一个又一个胜利。革命战争年代，毛泽东同志特别注重战争时机的选择，强调“时机的问题是具有重要意义的”，要把握时机、善择时机、不失时机。1948 年下半年，通过对敌我双方实际情况的客观分析，毛泽东同志意识到国共双方战略决战时机的到来，果断连续发动辽沈、淮海、平津三大战役，给国民党的军事力量以毁灭性打击，为中国革命的彻底胜利奠定了基础。改革开放后，邓小平同志反复强调的就是机会难得，“对中国来说，大发展的机遇并不多”，现在中国遇到了难得的发展机遇，“这是中华民族的机遇，是炎黄子孙几百年难得遇到的机遇”。要“抓住时机，推进改革”，集中精力把经济搞上去，实现经济发展目标，把中国发展起来。党的十八大以来，习近平总书记指出，国内外形势正在发生深刻复杂变化，我国发展仍处于重要战略机遇期。要维护和延长我国发展的重要战略机遇期，为实现“两个一百年”奋斗目标、实现中华民族伟大复兴的中国梦提供有力保障。习近平总书记强调，世界繁荣稳定是中国的机遇，中国发展也是世界的机遇。

中国共产党一路走来，从不畏惧任何艰难困苦，勇于迎接各种挑战与危机，在苦难中铸就辉煌，在危机中创造生机。历经了大革命的失败、土地革命的曲折、抗日战争的以弱胜强以及解放战争的以少胜多，依靠一不怕苦、二不怕死的革命精神，中国共产党人取得了新民主主义革命的伟大胜利。新中国刚成立时，百废待举、困难重重，但中国共产党经受住了国际国内的各种挑战与考验，确立了社会主义制度，对社会主义建设进行了艰辛探索，为今后的发展与进步奠定了物质的、制度的、理论的基础。改革开放后，中国共产党人以摸着石头过河的姿态，勇敢探索出一条具有鲜明中国特色的社会主义道路。党的十八大以来，中国特色社会主义进入新时代，机遇和挑战都有新的发展变化。这是一个机遇前所未有的时代，也是挑战前所未有的时代。形势逼人、挑战逼人。要下先手棋，打好主动仗，做好应对风险挑战的准备；要保持斗争精神，敢于直面风险挑战；要敢于啃硬骨头、涉险滩，勇于破除妨碍发展的体制机制障碍；自身要不断强大，善于化危为机、转危为安。同时，要秉持人类命运共同体理念，携手共同应对日益严峻的全球性挑战。

新征程上，既要有把握机遇、善用机遇的谋略，顺应时代发展潮流，善于把握中国与世界的密切互动所带来的机遇；也要有迎接挑战、直面困境的担当，提高应对风险、化险为夷的能力水平；还要善于变挑战为机遇，化危机为机遇，充分利用一切机遇，及时应对一切挑战，勇于开顶风船，逆风而上、奋发有为，做新时代的弄潮儿、挑战者、急先锋。

四、注重坚守定力、开拓创新

一百年来，中国共产党以安如泰山的战略定力和一往无前的开拓创新姿态，带领中国人民创造了经济快速发展和社会长期稳定的两大奇迹。坚守定力与开拓创新是党团结带领人民赢得优势、赢得主动、赢得未来的重要方法，两者之间是辩证的稳与进的关系。没有战略定力就没有开拓创新的方向，没有开拓进取就无法保持战略定力的长久生命力。

中国共产党能够注重把握事物发展规律，客观分析当下形势，从而制定科学的全局性战略目标，并坚定不移贯彻下去，不为任何风险所惧，不为任何纷扰所惑。1927 年大革命失败后，面对“红旗到底能打多久”的疑问，毛泽东同志做出了“星星之火，可以燎原”的判断；抗日战争时期，面对“亡国论”和“速胜论”等错误认识，毛泽东同志在 1938 年提出打“持久战”的思想，并描绘出从战略防御、战略相持到战略反攻的三个阶段，指引抗日战争取得胜利。解放战争时期，面对国共双方悬殊的力量对比，毛泽东同志提出“一切反动派都是纸老虎”的著名论断，极大振奋和鼓舞了党心军心民心，领导中国革命取得胜利。改革开放后，面对纷繁复杂的世界局势，邓小平同志高屋建瓴地提出“和平和发展是当今世界的两大问题”的重要判断，这成为中国坚持改革开放的战略依据。当苏东剧变、世界社会主义进入低潮时，邓小平同志等党和国家领导人顶住压力，强调要坚持党的十一届三中全会以来的路线、方针、政策，坚持“一个中心，两个基本点”，强调“基本路线要管一百年，动摇不得”。在实践中，既没有走封闭僵化的老路，也没有走改旗易帜的邪路，而是坚定不移地走中国特色社会主义道路。党的十八大以后，习近平总书记强调保持战略定力，认为面对复杂深刻的国际形势和艰巨繁重的改革发展任务，如果能够始终保持战略定力，在战略上判断正确、谋划科学、赢得主动，党和人民事业就会大有希望，就会立于不败之地，不断开辟前行道路。不管国内外形势如何变化，只要我们保持战略定力，毫不动摇地坚持党的领导，坚定不移地走中国特色社会主义道路，始终不渝地维护人民利益，就一定能够实现中华民族伟大复兴的中国梦。

中国共产党勇于开拓、善于创新，从革命、建设到改革，坚持把马克思主义与中国国情相结合，探索出了一条既顺应历史潮流又符合自身实际的中国特色道路，持续推进实践创新、理论创新、制度创新。土地革命战争时期，以毛泽东同志为主要代表的中国共产党人表现出革命的首创精神，冲破“左”倾教条主义的樊篱，创立了农村包围城市、武装夺取政权的革命道路，开启了中国革命走向胜利的伟大征程。社会主义建设时期，以毛泽东同志为主要代表的中国共产党人以敢教日月换新天的苦干实干，独立自主、自力更生地探索社会主义建设道路。改革开放后，以邓小平同志为主要代表的中国共产党人秉承独立自主的开拓创新精神，克服不合时宜的思想观念、体制机制与实际做法等多方面的障碍，坚持改革开放，开创了中国特色社会主义道路。经过中国共产党人的接续努力，这条道路越走越宽阔，越走越坚实。新征程上，以习近平同志为主要代表的中国共产党人，弘扬伟大历史主动精神，敢闯敢试、敢为人先，以巨大的政治勇气、强烈的责任担当，守正创新、笃行致远，挺进改革“深水区”，敢啃“硬骨头”，提出一系列新理念新思想新战略，出台一系列重大方针政策，推出一系列重大举措，推进一系列重大工作，推动党和国家事业取得历史性成就、发生历史性变革，使社会主义在中国焕发出强大的生机与活力。

新征程上，在任何时候任何情况下都要坚守不改初心、不忘根本的战略定力，全面提升战略思维能力，增强工作中的原则性、系统性、预见性；也要秉持大胆探索、勇于开拓的创新精神，勇于自我革命，把改革创新精神贯彻到治国理政的各个环节，推出新举措、创建新机制、形成新方法；还要善于将坚守定力与开拓创新结合起来，于不变中应万变，于变局中开新局，蹄疾步稳推进改革，多点发力寻求突破，做改革发展的奋进者、开拓者、创造者。

五、始终坚定自信、常怀忧患意识

一百年来，中国共产党凭借“自信人生二百年，会当水击三千里”的坚定自信与“消未起之患、治未病之疾”的忧患意识，带领中国人民披荆斩棘、艰苦奋斗，使我们的社会主义事业取得了傲然于世的伟大成绩。坚定自信与保持忧患意识体现出中国共产党的精神状态，是党得以发展壮大的优良传统。

中国共产党领导中国人民所从事的社会主义事业是符合历史发展规律的，是正义的事业、进步的事业，必然会取得胜利。因此，中国共产党始终保持着无比坚定的自信。在革命陷入最低潮时，毛泽东同志相信中国共产党这个“小石头”总有一天能够打烂蒋介石那个“大水缸”，相信黑暗是暂时的，光明终将到来。邓小平同志对中国的改革开放、对中国的未来充满信心，他说：“现在我们干的是中国几千年来从未干过的事。这场改革不仅影响中国，而且会影响世界。”党的十八大以来，以习近平同志为核心的党中央一直强调，要坚定中国特色社会主义道路自信、理论自信、制度自信、文化自信。今天的中国正在走近世界舞台的中央，终于可以平视这个世界，中国共产党和中国人民完全有信心为人类对更好社会制度的探索提供中国方案。

中国共产党是一个生于忧患、成长于忧患、壮大于忧患的政党。党的七大前，毛泽东同志就向全党发出学习《甲申三百年祭》的号召，提醒全党不能重犯李自成功败垂成的错误。邓小平同志也一再告诫全党，“巩固和发展社会主义制度，还需要一个很长的历史阶段，需要我们几代人、十几代人，甚至几十代人坚持不懈地努力奋斗，决不能掉以轻心”。当前，中国已前所未有地接近实现中华民族伟大复兴的目标，但越是接近这个目标越是不会一帆风顺。习近平总书记强调，“备豫不虞，为国常道”。习近平总书记告诫全党越是取得成绩的时候，越是要有如履薄冰的谨慎，越是要有居安思危的忧患，绝不能犯战略性、颠覆性错误。习近平总书记强调，既要有防范风险的先手，也要有应对和化解风险挑战的高招；既要打好防范和抵御风险的有准备之战，也要打好化险为夷、转危为机的战略主动战。

新征程上，要有舍我其谁、踌躇满志的坚定自信，唱响主旋律，增强正能量，为走好新时代的长征路营造良好氛围；也要有居安思危、永不懈怠的忧患意识，密切关注全局性重大风险；还要善于将坚定自信与保持忧患意识结合起来，积极主动、未雨绸缪，始终保持自信、自省、自强的宽广胸襟，虽成功而不骄，历多难而不馁，以史为鉴、开创未来，做实现中华民族伟大复兴中国梦的造梦者、践梦人、圆梦工。

（《理论动态》2021 年第 25 期）

中国共产党何以不断铸就辉煌

建党以来，在中国共产党坚强领导下，中国走向繁荣昌盛，中国人民不断增强获得感、幸福感、安全感，科学社会主义在现代化进程中焕发出蓬勃生机。中国共产党以其感天动地的奋斗史诗，铸就了世界上独一无二的“中国奇迹”。探寻并解开中国共产党长期执政的成功密码，对于中国共产党团结带领人民建成社会主义现代化强国具有重要意义。

历史任务：社会革命与自我革命相促进

进行社会革命是中国共产党的历史任务之一。在党的一大纲领中就郑重提出，“以社会革命为自己政策的主要目的”。经过 28 年的浴血奋战，中国共产党领导人民取得新民主主义革命胜利。新中国成立后，又领导人民进行社会主义革命，完成了中华民族有史以来最广泛最深刻的社会变革。社会主义基本制度建立后，中国共产党领导人民在探索社会主义建设道路的历史进程中取得了重要成就。随后，中国共产党团结带领人民进行改革开放，成功开辟了中国特色社会主义道路。党的十八大以后，中国特色社会主义进入新时代。习近平总书记指出，“新时代中国特色社会主义是我们党领导人民进行伟大社会革命的成果，也是我们党领导人民进行伟大社会革命的继续，必须一以贯之进行下去”。

不断进行自我革命，成就党的建设伟大工程是中国共产党的另一历史任务。所谓自我革命，就是革命主体对客体进行社会革命的时候，同时进行主体自身的革命。自我革命是我们党最鲜明的品格，也是我们党最大的优势。在革命战争年代，中国共产党通过纠正“左”倾和右倾错误，通过开展延安整风运动等，力挽中国革命于狂澜之中。党的十一届三中全会实现了社会主义建设之重大转折，开启了改革开放的新征程。党的十八大以来，以习近平同志为核心的党中央更是以前所未有的力度进行全党自我革命，如出台和落实中央八项规定，开展党的群众路线教育实践活动，推动“两学一做”学习教育常态化制度化，倡导“三严三实”，深入开展党风廉政建设，强力反对和惩治腐败现象，并在全党深入开展“不忘初心、牢记使命”主题教育等，推动全面从严治党向纵深发展。中国共产党就是通过一次次涅槃式的自我革命，在引领中国走向辉煌的同时，为长期安全执政奠定了坚实基础。

中国共产党的百年历史，就是一部波澜壮阔的伟大社会革命与党的自我革命相辅相成、相互促进的华丽篇章，即以党的自我革命来领导社会革命，并在社会革命中推动自身的发展壮大。习近平总书记在十九届中共中央政治局常委同中外记者见面时说：“实践充分证明，中国共产党能够带领人民进行伟大的社会革命，也能够进行伟大的自我革命。”当今中国面临着更为复杂多变的国内外形势，面临着许多前所未有的新情况新问题新挑战，社会革命道路漫长艰巨；同时，影响党的先进性、弱化党的纯洁性的各种因素还将长期存在，自我革命道路任重道远。习近平总书记强调：“我们党是马克思主义执政党，但同时是马克思主义革命党，要保持过去革命战争时期的那么一股劲、那么一股革命热情、那么一种拼命精神，把革命工作做到底。”中国共产党在任何时候都不能丧失革命本色，始终保持饱满的革命精神和昂扬的革命斗志，坚持和发展中国特色社会主义，推进党的建设新的伟大工程，以党的自我革命推动伟大的社会革命，夺取新时代中国特色社会主义伟大胜利。

力量源泉：追求真理与实现价值相统一

中国共产党始终坚持以充满科学性和真理性的马克思主义理论为指导，在顺应时代潮流、立足现实国情、尊重客观规律基础上，不断推进马克思主义中国化，实现了马克思主义理论成果的一脉相承和与时俱进。毛泽东思想科学把握了中国革命的规律，在它的引领下我们取得了新民主主义革命和社会主义革命的胜利，在探索社会主义建设规律方面作了有益探索。邓小平理论对在经济文化落后的大国如何实现社会主义现代化问题作了富有成效的探索，深刻回答了“什么是社会主义、怎样建设社会主义”这一根本问题，成功开创了中国特色社会主义。习近平新时代中国特色社会主义思想深刻回答了新时代坚持和发展什么样的中国特色社会主义、怎样坚持和发展中国特色社会主义这个重大时代课题，为发展马克思主义作出了许多重大原创性贡献，以全新的视野深化了对共产党执政规律、社会主义建设规律、人类社会发展规律的认识，是当代中国马克思主义、21 世纪马克思主义。真理来之不易，追求真理的道路曲折而艰难。建党以来，无论面临着何种危险和挑战，中国共产党对真理的执着与坚守从未改变。从一定意义上说，中国共产党的历史就是一部追求真理、探索真理、捍卫真理的历史。

中国共产党以人民为中心的立场始终不渝，为人民谋幸福的价值追求毫不动摇。在思想认识方面，以毛泽东同志为主要代表的中国共产党人始终强调全心全意为人民服务，创造性地提出“一切依靠群众，一切为了群众，从群众中来，到群众中去”的群众路线；以邓小平同志为主要代表的中国共产党人始终坚持人民群众的利益高于一切，把人民拥护不拥护、人民赞成不赞成、人民高兴不高兴、人民答应不答应作为制定各项方针政策的出发点和归宿；以习近平同志为核心的党中央郑重提出“人民对美好生活的向往，就是我们的奋斗目标”，明确提出“中国共产党人的初心和使命，就是为中国人民谋幸福，为中华民族谋复兴”，突出强调以人民为中心的发展思想。在实践举措方面，经过土地革命、抗日战争和解放战争，以毛泽东同志为主要代表的中国共产党人带领人民推翻了三座大山，使中国人民实现了从“东亚病夫”到站起来的伟大飞跃，人民从此当家作主。党的十一届三中全会以后，以邓小平同志为主要代表的中国共产党人坚定不移地推进改革开放，破除各方面体制机制弊端，进一步解放思想、解放和发展社会生产力、解放和增强社会活力，使中华民族实现了从站起来到富起来的伟大飞跃，使人民群众告别了贫穷挨饿的历史，人民日益增长的物质文化需求不断得到满足。党的十八大以来，以习近平同志为核心的党中央总揽“四个伟大”，统筹推进“五位一体”总体布局，协调推进“四个全面”战略布局，以新发展理念引领经济社会发展全局，使中国人民生活迈向全面小康，使中华民族昂首屹立于世界民族之林，实现了从富起来到强起来的伟大飞跃，为人类追求和平与发展的崇高事业做出了贡献。

追求真理与实现价值辩证统一于中国共产党从事的社会实践，贯穿于中国共产党的奋斗历程。追求真理、探索规律是求“真”，按照世界的本来面目去认识和改造世界，使得中国共产党具有了真理的伟力；追求崇高价值、坚持人民立场是求“善”，努力实现好、维护好、发展好人民群众的根本利益，使得中国共产党具有了道义的力量。中国共产党人之所以能不断铸就辉煌，从根本上说，既源于科学真理的力量，又源于人民群众的力量。

坚强保障：思想建党与制度治党相提升

思想建党是中国共产党的光荣传统和政治优势。毛泽东同志早在 1920 年就指出："主义譬如一面旗子，旗子立起来了，大家才有所指望，才知所趋赴。"在 1929 年召开的古田会议上，毛泽东同志提出了思想建党的原则，强调党员不但要在组织上入党，而且还要在思想上入党，要经常注意用无产阶级思想改造和克服各种非无产阶级思想。通过思想建党，解决了党组织中思想不纯的问题，保持了革命队伍的先进性和战斗力，取得了新民主主义革命和社会主义革命的胜利。党的十一届三中全会后，党中央重新确立了解放思想、实事求是的思想路线，不断丰富、发展和创新了思想建党的实践机制，统一了思想、凝聚了共识，巩固了马克思主义在意识形态领域的指导地位。党的十八大以来，习近平总书记反复强调要加强思想建党、理论强党，用马克思主义中国化理论成果武装头脑、凝心聚魂，用理想信念和党性教育固本培元、补钙壮骨，着力教育引导全党坚定理想信念，增强中国特色社会主义道路自信、理论自信、制度自信、文化自信，不断夯实党长期安全执政的思想基础。只有抓好思想建党，才能使全党始终保持统一的思想、坚定的意志、协调的行动、强大的战斗力，这是中国共产党不断发展壮大的宝贵经验和重要法宝。

制度治党始终贯穿于中国共产党各项建设之中。党的第一代领导集体在全党建立了民主集中制、党委制等一系列制度，从制度上建立和健全党内民主，维护党中央权威，保证党的集中统一领导。党的十一届三中全会以后，我们党非常注重并着力解决制度问题，废除领导干部终身制、制定领导班子新老交替和干部退休制度，把民主集中制运用于党内生活各个领域，建立党委工作制度、组织生活制度、监督制度、干部管理制度等一系列与政治生活相配套、与国家制度相衔接的治党制度体系，党内政治生活走向正常化和秩序化。党的十八大以来，以习近平同志为核心的党中央坚持全面从严治党，将制度治党贯穿于党的政治建设、思想建设、组织建设、作风建设、纪律建设中，强化执纪监督，深入推进反腐败斗争，陆续构建了以党章为统领的、系统完备的党内法规制度体系，在党的领导制度、组织制度、干部人事制度、纪检监察制度等方面的改革中取得重大成就，推动管党治党不断从“宽松软”走向“严紧硬”，确保党始终成为中国特色社会主义事业的坚强领导核心。

思想建党是柔性的、内在的，关注党员的理想信念、价值追求、道德修养等方面，致力于解决世界观、人生观、价值观这个“总开关”问题；制度治党是刚性的、外在的，关注党员的治理机制、行为规范、约束监督等方面，致力于解决更具有根本性、全局性、稳定性、长期性的问题。思想建党与制度治党是一个问题的两个方面，思想建党是引领，没有思想建党，制度治党就少了灵魂和统一的意志，就容易跑偏走样；制度治党是保障，没有制度治党，思想建党就是空中楼阁，随时都会轰然倒塌。思想建党和制度治党，二者刚柔相济、内外兼修，共同筑牢中国共产党全面从严治党之根基，是中国共产党铸就千秋伟业的坚强保障。

精神状态：坚定自信与保持忧患相结合

中国共产党人最自信而且也最有理由自信。毛泽东同志是自信的。当中国革命暂时处于低潮时，毛泽东同志相信“星星之火，可以燎原”；在解放战争初期，面对强大的国民党力量时，毛泽东同志相信“一切反动派都是纸老虎”；随着全国革命的胜利，党的主要任务转变为领导建设新中国时，毛泽东同志坚信“我们不但善于破坏一个旧世界，我们还将善于建设一个新世界”。邓小平同志是自信的。邓小平同志对中国的改革开放、对中国的未来充满信心：“现在我们干的是中国几千年来从未干过的事。

这场改革不仅影响中国，而且会影响世界。”当世界社会主义运动遭遇重大挫折时，邓小平同志对马克思主义充满信心：“我坚信，世界上赞成马克思主义的人会多起来的，因为马克思主义是科学的。”习近平总书记是自信的。习近平总书记指出：“当今世界，要说哪个政党、哪个国家、哪个民族能够自信的话，那中国共产党、中华人民共和国、中华民族是最有理由自信的。”为什么能够自信？习近平总书记用三个“前所未有”来概括：“我们前所未有地靠近世界舞台中心、前所未有地接近实现中华民族伟大复兴的目标、前所未有地具有实现这个目标的能力和信心。”这三个“前所未有”重要论述不是凭空而来，它来自不断发展、日臻成熟的中国特色社会主义道路、科学的理论体系、优越的制度和先进的文化；它来自新中国成立以来特别是改革开放以来所取得的巨大成就。在中国共产党领导下，中国的综合国力实现历史性跨越，科学、文化、教育、医疗、社会保障事业整体显著提高，人民生活发生翻天覆地变化，中国的国际地位与国际影响力与日俱增。

中国共产党是一个生于忧患、成长于忧患、壮大于忧患的政党。革命战争年代，毛泽东同志向全党发出把《甲申三百年祭》作为整风文件来学习的号召，并有了与黄炎培的“历史周期率”讨论。新中国成立前夕，在党的七届二中全会上，提出“两个务必”，告诫全党革命以后的路程更长，工作更伟大、更艰苦。改革开放以后，邓小平同志也一再严肃指出，“中国要出问题，还是出在共产党内部”，“巩固和发展社会主义制度，还需要一个很长的历史阶段，需要我们几代人、十几代人，甚至几十代人坚持不懈地努力奋斗，决不能掉以轻心”。随着中国特色社会主义事业的推进，全党的忧患意识也不断增强。以习近平同志为核心的党中央一再告诫全党，“前进道路不可能一帆风顺，越是取得成绩的时候，越是要有如履薄冰的谨慎，越是要有居安思危的忧患，绝不能犯战略性、颠覆性错误”；并专门举办省部级主要领导干部坚持底线思维着力防范化解重大风险专题研讨班，号召全党要永葆充沛的斗争精神，“既要打好防范和抵御风险的有准备之战，也要打好化险为夷、转危为机的战略主动战”。保持忧患意识是中国共产党的历史传统，也是中国共产党成功的重要经验。“治乱于未乱”“消未起之患”，使中国共产党立于不败之地。

坚定自信是一种正面的、积极的精神力量，指引中国共产党一往无前、锐意进取；保持忧患意识是一种警示的、冷静的思维方式，提醒中国共产党居安思危、永不懈怠。从整体上来讲，当前我国正处于一个大有可为的历史机遇期，中国共产党人一定要不忘初心，增强忧患意识，不断提升自我净化、自我完善、自我革新、自我提高的能力，全面增强执政本领，着力破解社会发展中的突出矛盾和问题，有效防范化解各类风险，为实现中华民族伟大复兴的伟大使命而奋勇前进。

（《中国纪检监察报》2019 年 8 月 22 日第 5 版）

中国共产党创造奇迹的重要密码

问计于民是马克思主义秉持人民立场的必然要求，是中国共产党坚持群众路线的生动彰显，是践行立党为公、执政为民理念的具体体现。从成立之日起，中国共产党始终注重保持与人民群众的血肉联系，在制定重大方针政策和中长期发展规划时，除了加强顶层设计外，也高度重视问政于民、问计于民、问需于民，取得了中国革命、建设与改革事业的一个个胜利，进而创造了世所罕见的经济快速发展奇迹和社会长期稳定奇迹。可以说，问计于民不仅是中国共产党铸就辉煌、创造奇迹的重要密码，而且是中国共产党带领人民群众在新时代从容应对各种风险与挑战的有力武器。

问计于民的理论溯源

尊重人民主体地位。尊重人民主体地位是问计于民的前提。马克思主义唯物史观认为，人民是历史的主体，是实践主体与认识主体的统一。人民群众既是物质财富的创造者，也是精神财富的创造者，更是推动社会变革、推进社会发展的决定性力量。只有充分尊重人民的主体地位，调动起最广大人民的积极性、主动性、创造性，才能真正地凝聚起人民最广泛的智慧与最大的力量。

马克思恩格斯认为，“历史活动是群众的活动，随着历史活动的深人，必将是群众队伍的扩大”[1]；“历史什么事情也没有做，它‘并不拥有任何无穷尽的丰富性’，它并‘没有在任何战斗中作战’！创造这一切、拥有这一切并为这一切而斗争的，不是‘历史’，而正是人，现实的、活生生的人”[2]。列宁也指出，“生气勃勃的创造性的社会主义是由人民群众自己创立的”[3]。马克思列宁主义这种以人民为主体的思想打破了长期占据统治地位的英雄史观，阐明了最广大的人民群众才是历史的真正创造者，确立了人民群众在人类社会发展中的主体地位。

中国共产党人是坚定的马克思主义者，始终强调要坚持人民的主体地位。毛泽东同志指出，“群众是真正的英雄，而我们自己则往往是幼稚可笑的，不了解这一点，就不能得到起码的知识”[4]。他强调，“人民，只有人民，才是创造世界历史的动力”[5]。邓小平同志强调要充分相信群众的力量，“我们搞四个现代化，因为经验不足，会面临多方面的困难。这些问题，归根到底，只有相信群众，依靠群众，充分走群众路线，才能够得到解决”[6]。习近平总书记指出，人民是我们党的力量之源和胜利之本，“没有人民支持和参与，任何改革都不可能取得成功”。离开了人民，就是“失去根基，失去血脉，失去力量”，我们将一事无成。人民是我们党执政的最大底气，是我们共和国的坚实根基，是我们强党兴国的根本所在。

虚心向人民学习。虚心向人民群众学习是问计于民的关键。党的正确主张不可能仅来源于某个人或少数人，而是群众经验的总结和智慧的结晶。实践是最大的课堂，人民是最好的老师。最了解实际情况的，最具有

---

①《马克思恩格斯文集》（第1卷），人民出版社2009年版，第287页。
②《马克思恩格斯全集》（第2卷），人民出版社1957年版，第118页。
③《列宁全集》（第33卷），人民出版社1985年版，第53页。
④《毛泽东选集》（第3卷），人民出版社1991年版，第790页。
⑤《毛泽东选集》（第3卷），人民出版社1991年版，第1031页。
⑥《邓小平文选》（第2卷），人民出版社1994年版，第230页。

首创精神的，就是人民群众。要在群众中放下身段，老老实实做学生，甘拜群众为师，学习真知识，增强真能力，练就真本领。

马克思主义认为，既然认识来源于实践，人民群众是实践的主体，那么认识必须依靠广大人民群众的实践。从认识到实践，到再认识再实践，这是一个循环往复、不断提升的过程。在这个过程中，必须通过调查掌握大量的第一手材料，并进行加工分析，从感性认识上升到理性认识，又从理性认识回到实践。马克思主义认识论阐明了正确的思想、路线都来自实践、来自人民，因而从实践出发、向人民学习也是题中应有之义。

以毛泽东同志为核心的第一代中央领导集体进一步丰富了马克思主义的认识论，并形成了党在一切工作中的群众观点和“一切为了群众，一切依靠群众，从群众中来，到群众中去”的群众路线。向人民群众学习的观点是群众观点的重要内容。毛泽东同志强调，要看到人民中蕴藏着无限的创造力和丰富的经验和知识，虚心向群众学习，“要在人民群众那里学得知识，制定政策，然后再去教育人民群众。所以要当先生，就得先当学生”[①]。他一直提倡重视调查研究，“没有调查，没有发言权”，“不做正确的调查同样没有发言权”。在他眼中，“群众有伟大的创造力。中国人民中间，实在有成千成万的‘诸葛亮’，每个乡村，每个市镇，都有那里的‘诸葛亮’”[②]。而且，“这些干部、农民、秀才、狱吏、商人和钱粮师爷，就是我的可敬爱的先生，我给他们当学生是必须恭谨勤劳和采取同志态度的”[③]。

以邓小平同志为核心的第二代中央领导集体坚持并发展了马克思主义实践观和群众观。邓小平同志强调要向人民学习，充分尊重群众的首创精

①《毛泽东文集》（第8卷），中共中央文献出版社1999年版，第324页。
②《毛泽东选集》（第3卷），人民出版社1991年版，第933页。
③《毛泽东选集》（第3卷），人民出版社1991年版，第790页。

神。他在多个场合指出，改革开放是人民的意愿，改革开放中许许多多的东西，都是由群众在实践中提出的，都是群众的智慧、集体的智慧。例如，“农村搞家庭联产承包，这个发明权是农民的”[①]。

党的十八大以来，中国特色社会主义进入新时代。以习近平同志为核心的党中央强调，在新的历史方位上，为实现中华民族伟大复兴的中国梦，我们更要虚心向人民学习，倾听人民呼声，汲取人民智慧。2017 年 12 月，在中央政治局民主生活会上，习近平总书记要求中央政治局的同志拜人民为师，向人民学习，放下架子、扑下身子，接地气、通下情，“身入”更要“心至”。习近平总书记指出，改革开放是亿万人民自己的事业，必须坚持尊重人民首创精神。开门问策、集思广益，把加强顶层设计与坚持问计于民统一起来，从生动鲜活的基层实践中汲取智慧。

注重维护人民利益。注重维护人民利益是问计于民的归宿。马克思主义是推动人类解放、维护人民利益的科学理论，以实现人的自由全面发展为己任。问计于民，归根结底就是要顺应人民愿望、满足人民需要、维护人民利益。这是马克思主义的根本出发点和落脚点。

《共产党宣言》明确指出，共产党是无产阶级利益的代表，除了无产阶级和广大人民群众的利益，“他们没有任何同整个无产阶级的利益不同的利益”。“无产阶级的运动是绝大多数人的、为绝大多数人谋利益的独立的运动。”这就从根本上解决了马克思主义政党“依靠谁、为了谁”的问题。

1945 年，毛泽东同志在党的七大上所作的政治报告《论联合政府》中，明确提出“全心全意为人民服务”。他指出，“我们的责任，是向人民负责。每句话，每个行动，每项政策都要适合人民的利益。如果有了错

---

①《邓小平文选》（第 3 卷），人民出版社 1994 年版，第 382 页。

误，定要改正，这就叫向人民负责”[①]。1954 年颁布的新中国第一部宪法第二条明确规定，“中华人民共和国的一切权力属于人民”。这就意味着，权力来自人民，又归于人民，服务于人民，受制于人民。党的一切活动都应该从人民的意愿出发，努力维护、实现人民利益。

邓小平同志反复强调，应当把人民拥护不拥护、赞成不赞成、高兴不高兴、答应不答应作为中国共产党制定各项方针政策的出发点和归宿。他创造性地提出了“三个有利于”的标准，把是否有利于提高人民生活水平作为党制定各项方针政策的根本判断标准，进一步明确了人民群众利益至上的发展思想。

2012 年，习近平总书记代表十八届中央政治局常委向世界郑重宣示，“人民对美好生活的向往，就是我们的奋斗目标”。习近平总书记提出了“以人民为中心的发展思想”，指出“为中国人民谋幸福，为中华民族谋复兴”是中国共产党人的初心和使命。习近平总书记反复强调，“我们追求的发展是造福人民的发展，我们追求的富裕是全体人民共同富裕。改革发展搞得成功不成功，最终的判断标准是人民是不是共同享受到了改革发展成果”。在党和国家的决策过程中，要时刻考虑人民群众利益，对重大改革决策，要从人民利益出发谋划思路、制定举措、推进落实。

问计于民的历史考察

依靠人民的力量，善用众力、善集众智，为人民的利益而奋斗，与人民同呼吸、共命运、心连心，就像一根红线贯穿于中国共产党的各个历史时期，是党始终如一坚持的基本原则，是党的事业不断向前发展的制胜密码。

---

①《毛泽东选集》（第 4 卷），人民出版社 1991 年版，第 1128 页。

作出重大决策时问计于民。新中国成立前夕，召开中国人民政治协商会议第一次会议和拟定《共同纲领》的过程中，中国共产党虚心听取其他党派和无党派人士、社会各界人士的意见，共同商讨国家大事。参与起草的九三学社代表许德珩说，纲领的起草“是经过筹备会多次的周详讨论的，在大会开幕以前来到北平的六百多位代表也曾经分组多次的研讨，六百多位同仁之中，可以说是很少没有发言的，也更很少发言不被重视的；凡是在目前紧要的，能够办得到的建议，都是被采纳”。当时的筹备会收到了全国国旗应征图案 2992 幅，最终确定了上海的一个叫曾联松的年轻人设计的五星红旗方案，经修改后成为现在的国旗。

改革开放以后，党和国家决策机制日益制度化、科学化、民主化，逐步建立起社情民意反映制度、与群众利益密切相关的重大事项社会公示制度和社会听证制度，并完善专家咨询制度，实行决策的论证制和责任制，防止决策的随意性。兴建三峡工程的设想始于 20 世纪初，50 年代毛泽东同志等中央领导人也有了建设意图，由于有不同意见而未实施。从 1986 年开始，相关部门组织全行业专家 412 人，多次召开论证工作会议，分 14 个专题重新进行全面论证，也请一些持有反对意见的专家参与进来，提出否定性的论证意见，这些意见促进了很多技术问题的解决。特别是大批外国专家也都参与了工程的研究和咨询工作。这期间，全国数千名科技人员也参与了科技攻关和专题研究，取得了 400 多项研究成果。1992 年 4 月，七届全国人大五次会议以 1767 票赞成、177 票反对、664 票弃权、25 人未按表决器通过《关于兴建长江三峡工程的决议》。至此，经过反复论证、咨询，争议最大、论证时间最长的三峡工程完成了法定程序。

新时代，以习近平同志为核心的党中央不断推进国家治理体系和治理能力现代化，强调坚持群众路线和民主集中制，不断提高民主决策、科学决策、依法决策水平。习近平总书记本身有长期的基层工作经验，高度重视调查研究，始终注重凝聚民心、集中民智，及时总结群众创造的新鲜经验，并将之上升为治国理政的一系列新理念新思想新战略。2013 年 4 月，在党的十八届三中全会通过《中共中央关于全面深化改革若干重大问题的决定》之前，中央就向各地方、社会各界、各人民团体发出通知，征求关于全面深化改革的意见，很快就收到 118 份意见和建议。随后，习近平总书记亲自担任文件起草小组组长，小组成员 60 多人。在文件起草过程中，小组广泛征求意见，开展专题论证，进行调查研究。9 月，文件的征求意见稿出台并下发。不到一个月的时间里，起草小组收到总计 2564 条意见和建议，反馈意见的吸收率超过 40%，文件起草组增写、改写、文字精简等修改共 539 处。在全会召开期间，还根据中央委员们的意见对文件进行了修改。文件的起草过程，充分体现了党的决策机制民主性、科学性与规范性，是问计于民的成功典范。

制定中长期规划时问计于民。用中长期发展规划指导经济社会发展，是我们党治国理政的一种重要方式。从 1954 年宪法到现行宪法，对规划计划制度都作出明确的规定。从 1953 年第一个五年计划开始，我国已经编制实施了 13 个五年计划（规划）。前五个五年计划的执行，推动建立起独立完整的工业体系和国民经济体系，国防科技战线也取得突破性进展。

改革开放以后，“六五”计划（1981—1985 年）开始实施，五年计划的制定日益规范化、科学化、民主化，充分走群众路线，广泛听取各方面的意见。并且，“六五”计划以后，增加了社会发展的内容，国民经济发展五年计划的名称也更改成为“国民经济和社会发展五年计划”，特别强调人民生活的改善、劳动就业、环境保护等方面的目标要求，体现了对人民群众现实生活的关怀。至此，五年计划作为基石铺就了中国经济奇迹般的发展之路。

“十五”计划（2001—2005 年）是 21 世纪的第一个五年计划。在制定过程中，建立起了专家审议会制度，也第一次采取报纸、互联网络等途径，向全国人民公开征求意见与建议。人民群众提出的许多建设性意见和建议，如开发海洋资源、发展现代中医药、改革户籍制度等，都在规划中得到反映。

“十一五”（2006—2010 年）由“计划”改为“规划”，也是五年规划编制历史上的一个重要转折。从此，在五年规划的制定、实施过程中，公众的参与度越来越高，并且逐步以制度的形式确立下来。2005 年 10 月，国务院颁布《关于加强国民经济和社会发展规划编制工作的若干意见》，提出要建立规划编制的社会参与和论证制度。为此，在国家发展和改革委员会门户网站开辟建言献策专栏，公开征集公民意见，并成立了由学术型专家和实务型专家相结合的专家委员会。

“十三五”规划（2016—2020 年）编制期间，习近平总书记亲自担任规划起草组组长，并鼓励广大人民群众和社会各界以各种方式建言献策，首次将 4 名企业家纳入专家委员会。同时，发改委进行了多渠道、多形式的问计求策活动，并成立专门的工作小组，对每一个渠道、每一个平台、每一个活动都指定专人负责，确保不漏掉任何一个建议。

2020 年 8 月 16 日至 29 日，“十四五”规划编制工作开展网上意见征求活动，分别在人民日报、新华社、中央广播电视总台所属官网、新闻客户端以及“学习强国”学习平台开设“十四五”规划建言专栏，听取全社会意见建议，累计收到网民建言超过 101.8 万条，为做好“十四五”规划编制工作提供了有益参考。

问计于民的价值分析

问计于民，问的是“政”，集思广益，才能促进决策科学化、民主化；问计于民，聚的是“力”，众志成城，才能有利于实现党的奋斗目标；问计于民，求的是“心”，血脉相连，有利于实现好维护好发展好最广大人民的根本利益。

问计于民是一种智慧，有利于促进决策的科学化、民主化。党的根基在人民，人民才是真正的智者。人民群众的实践是推动党的事业发展的不竭动力，人民群众的经验与意见建议是党作出重大决策的智慧源泉。凡是作出重大战略部署尤其是直接涉及群众利益的民生决策，决策前都要召开必要的专家论证会、民意听证会、座谈会，广泛调研、摸清情况、广开言路，才能制定出科学的政策。相反，不坚持问计于民，就会出现决策失误，造成不良影响或带来重大损失。

坚持问计于民，之所以有利于决策的科学化、民主化，原因如下。一是诚心了解人民群众的所思所需所忧，从人民意愿、利益需求和实际情况出发，才能制定出符合人民意愿的政策、方针与举措；二是虚心拜人民为师，从民意中寻求良策，集众智汇群力，才能找到务实有效、切实可行的解决方案；三是真心请人民群众当“裁判”，才能从民意中检验出政策的绩效，检验出党委、政府工作的成败得失。因此，问计于民应该成为决策的标准配置。只有将顶层设计的战略方向与问计于民的战术智慧结合起来，才能推动实现决策的科学化、民主化。

问计于民是一种担当，有利于实现党的奋斗目标。党的力量在人民，人民才是真正的英雄。人民是党和国家事业发展取之不尽、用之不竭的力量源泉。问计于民有利于充分调动群众的积极性、主动性、创造性，形成广泛共识，凝聚最大力量，推动党的事业不断向前发展。

中国共产党登上历史舞台以后，逐步提出了符合中国实际和中国人民利益的纲领、路线、方针和政策，带领人民打土豪、分田地，发动土地革命，调动起广大人民的政治热情和革命积极性，推翻了三座大山，取得了新民主主义革命的胜利，建立了新中国，引领中华民族实现了站起来的历史飞跃。社会主义建设时期，特别是改革开放以来，党顺应时代潮流和人民愿望，推进改革开放，领导人民进行了波澜壮阔的社会主义现代化建设，彻底改变了中国的面貌，引领中华民族实现了富起来的历史飞跃。中国特色社会主义进入新时代，党中央统揽“四个伟大”，贯彻以人民为中心的发展思想，统筹推进“五位一体”总体布局，协调推进“四个全面”战略布局，引领中华民族迎来了强起来的伟大飞跃。中华民族从站起来到富起来到强起来的历程，就是党的奋斗目标不断实现的过程，其中每一次实践上的突破、每一个理论上的创新，无不凝结着人民群众的智慧，无不依赖于人民群众的支持。

“能用众力，则无敌于天下矣；能用众智，则无畏于圣人矣。”紧紧依靠人民，诚心问计于民，就拥有了干事创业的磅礴伟力，就有了战胜艰难险阻的坚定信心，就有了实现党的奋斗目标的厚重底气。正如习近平总书记所说，“在我们这么一个有着 14 亿人口的国家，每个人出一份力就能汇聚成排山倒海的磅礴力量，每个人做成一件事、干好一件工作，党和国家事业就能向前推进一步”。

问计于民是一种情怀，有利于实现好维护好发展好最广大人民的利益。党的血脉在人民，人民对美好生活的向往就是我们党的奋斗目标。问计于民，问的是“计”，本质上求的是“民”，民心是最大的政治，为民造福是最重要的政绩。第一，要真问，问出民生的痛点、难点和焦点，从而找准制定政策的切入点，找到解决问题的重点；第二，要真听，深入基层，深入群众，带着真感情与人民交朋友、拉家常，不走过场、不敷衍，真正做到听实话、摸实情；第三，要真吸纳，对人民提出的问题认真分析、全面梳理，透过现象找到问题的本质，将经验转化为政策，上升到理论；第四，要真执行，办好各项民生事业、补齐民生领域短板，通过一件件实事的落实、一件件难事的解决，提升人民群众的获得感幸福感安全感。

只有坚持问计于民，注重听民声、汇民智、聚民意，在此基础上制定、调整并实施党的决策部署，才能正确认识与妥善处理人民群众的整体利益与个体利益、长远利益与眼前利益，才能正确认识与妥善处理人民群众的经济利益、政治利益与文化利益，才能统筹兼顾不同阶层和不同方面群众的利益诉求，有效化解人民群众的利益矛盾，促进社会和谐稳定。

党的百年历史，就是一部为了人民、依靠人民、相信人民的英勇奋斗史。习近平总书记指出，“人民群众始终是我们党的坚实执政基础。只要我们永不动摇信仰、永不脱离群众，我们就能无往而不胜”。当前，脱贫攻坚、全面建成小康社会已经取得阶段性胜利，即将开启实现第二个百年奋斗目标的新征程。只要始终坚持人民主体地位，坚持走群众路线，与人民保持血肉联系，坚持拜人民为师，坚持向人民求教问策，中国共产党就一定能战胜前进道路上的各种风险与挑战，也一定能早日实现建设社会主义现代化强国的宏伟目标。

（《人民论坛》2020 年 12 月上）

百年大党思想建设的伟大成就

重视思想建设是马克思主义政党的鲜明特色、光荣传统和独特优势。百年来，我们党在革命、建设、改革的伟大实践中不断加强思想建设、持续推进思想建党，坚持用马克思主义中国化理论创新成果指导实践、推动工作，取得一系列彪炳史册的伟大实践成就，也创造出引领中国社会深刻变革的伟大思想成就。百年大党思想建设的伟大成就，为坚持党的领导、加强党的各方面建设奠定了坚实的思想基础，为实现中华民族从站起来、富起来到强起来的伟大飞跃提供了精神动力、思想保证与智力支持。

确立巩固以马克思主义为指导思想的意识形态格局

2021 年 2 月 20 日，习近平总书记在党史学习教育动员大会上强调，要教育引导全党从党的非凡历程中领会马克思主义是如何深刻改变中国、改变世界的，感悟马克思主义的真理力量和实践力量。

百年来，我们党通过正确开展党内斗争、整风运动、党内教育活动等各种方式，不断与“左”倾、右倾错误思想作斗争，与意识形态领域中各种非马克思主义、反马克思主义作斗争，为坚持与发展马克思主义扫清了障碍。

百年来，我们党始终坚持与运用马克思主义立场观点方法，始终高扬马克思主义的科学性、人民性、实践性等品格，在追求真理的道路上行稳致远，在造福人民的征途上披肝沥胆，在社会变革的进程中勇于担当。

百年来，我们党逐步弄清了“中国向何处去、中国革命向何处去”“什么是社会主义、怎样建设社会主义”“建设什么样的党、怎样建设党”“实现什么样的发展、怎样发展”“新时代坚持和发展什么样的中国特色社会主义、怎样坚持和发展中国特色社会主义”等一系列重大课题，在事关党和国家前途命运的根本问题上正本清源，为认识世界与改造世界提供了强大思想武器。

百年来，我们党创造性地把马克思主义基本原理同中国具体实际与时代特征相结合，不断推进马克思主义中国化的理论创新进程，在不同历史时期先后形成了毛泽东思想、邓小平理论、“三个代表”重要思想、科学发展观和习近平新时代中国特色社会主义思想，为党和人民事业发展提供了科学理论指导。习近平新时代中国特色社会主义思想坚持科学的世界观与方法论，坚持人民立场，坚持实事求是路线，坚持共产党人理想信念，同时以宽广视野和长远眼光认识和把握当代中国面临的一系列重大问题，在理论上不断作出新的概括与创造，是坚持与发展马克思主义的光辉典范，谱写了当代中国马克思主义、21 世纪马克思主义的新篇章。

引领以科学社会主义为精神旗帜的深层次变革

社会主义不是从天上掉下来的，是在各种主义的学习试错、竞争淘汰中脱颖而出的，是历史的选择、人民的选择。

关于在中国这样一个经济文化比较落后的东方大国能否进行社会主义革命，在此基础上如何进行社会主义建设，是一个历史性课题。以毛泽东同志为代表的中国共产党人根据中国实际提出把革命分为两个步骤，并创造性地通过“和平赎买”方式进行社会主义改造，完成了社会主义革命，确立了社会主义基本制度。

面对什么是社会主义、怎样建设社会主义的重大问题，以邓小平同志为代表的中国共产党人创造性地提出了社会主义本质论、社会主义初级阶段论、社会主义市场经济理论、社会主义改革开放论以及分步骤实现社会主义现代化的战略等，是中国共产党人探索社会主义建设规律的智慧结晶。特别是从固守社会主义计划经济到实行社会主义市场经济，这是不断解放思想、冲破传统观念束缚的结果，也是中国特色社会主义理论体系中的伟大理论创造，更是事关中国人民和中华民族前途命运的重大理论创新成果。

在新时代，坚持和发展什么样的中国特色社会主义、怎样坚持和发展中国特色社会主义，成为新的时代之问与实践之问。党的十八大以来，习近平总书记创造性地将中国特色社会主义最本质的特征归结为中国共产党领导，作出社会主要矛盾发生转化的重大判断，提出了创新、协调、绿色、开放、共享的新发展理念，强调社会主义的发展动力是全面深化改革，主张统筹推进“五位一体”总体布局、协调推进“四个全面”战略布局，对社会主义现代化作出新“两步走”的战略安排。这就进一步深化了对社会主义建设规律的认识，是对马克思主义中国化理论成果的继承与创新，在坚持与发展科学社会主义方面达到了新境界。

塑造以中国共产党为领导力量的理论创新场域

在党的领导问题上，中国共产党人继承和发展了马克思主义经典作家的思想，并结合中国实际不断推进党的领导理论创新，塑造出以中国共产党为领导力量的理论创新场域。

关于党的领导地位问题，毛泽东同志在新中国成立之初宣布“领导我们事业的核心力量是中国共产党”；邓小平同志在改革开放时期旗帜鲜明地把“坚持共产党的领导”，作为四项基本原则的核心；习近平总书记在新时代进一步强调，“党是国家最高政治领导力量”，必须坚持和加强党的全面领导。这就深刻揭示了党的领导理论中最具根本性的问题，不断深化了对党的领导地位的思想认识。

关于党的领导的内容，毛泽东同志在1962年强调，“工、农、商、学、兵、政、党这七个方面，党是领导一切的”；邓小平同志在新时期指出，党的领导主要是政治领导、思想领导和组织领导；习近平总书记在新时代强调，坚持和加强党的全面领导，坚持党要管党、全面从严治党。以党的政治建设为统领，以坚定理想信念宗旨为根基，以调动全党积极性、主动性、创造性为着力点，全面推进党的政治建设、思想建设、组织建设、作风建设、纪律建设，把制度建设贯穿其中，深入推进反腐败斗争，不断提高党的建设质量。这就在继承中不断拓展了党的建设的丰富内容，为推进党的建设的伟大工程提供了科学指引。

关于党的执政能力建设，从开展整党整风，到提出加强党的执政能力和先进性建设，再到新时代强调加强党的长期执政能力建设和先进性、纯洁性建设，完善党的领导体制和机制，勇于自我革命，推进全面从严治党，这是对党的建设优良传统的历史传承，更是对党的执政方式的科学把握，从而是对马克思主义党建学说的发展与创新。

百年来，中国共产党人在党的领导理论上的探索和创新极大地丰富和发展了马克思主义党建学说，在指导中国革命、建设、改革的伟大实践中得到成功运用和检验，为发挥党在为中国人民谋幸福、为中华民族谋复兴进程中的政治保证作用，为发挥党在推动中国发展与进步过程中的领导核心作用，为发挥党在带领人民应对任何风险与挑战时的主心骨与定盘星作用，提供了科学指南与精神引领。

（《光明日报》2021年6月8日第6版）

始终走在时代前列的伟大政党

伟大时代催生伟大政党，伟大政党铸就伟大时代。党的十九届六中全会指出，党的百年奋斗锻造了走在时代前列的中国共产党。一百年来，中国共产党坚持围绕党是什么、要干什么这个根本问题，自觉锚定时代方位，深刻把握时代主题，坚决完成时代任务，勇于创造时代成就，奋力构筑时代精神，始终成为走在时代前列的引领者。

中国共产党善于与时俱进地把握时代主题

科学分析和判断时代主题，是马克思主义政党正确制定政策的前提条件。每个时代都有各自的主题，它是该时代以生产力和生产关系、经济基础和上层建筑之间矛盾为主要内容的社会矛盾的集中反映。能否精准地总结、科学地提炼时代主题，是判断一个政党是否走在时代前列的前提依据。

自 1921 年成立以来，我们党始终坚持在深刻把握社会矛盾特别是社会主要矛盾基础上研判时代主题，并将时代主题作为认识时代的标识、改造时代的依据和引领时代的旗帜。百年来我们党不懈奋斗，书写了中华民族几千年历史上最恢宏的史诗，形成了跨越时代的百年主题。实现中华民族伟大复兴这个主题在不同时代具体呈现为不同的时代主题，不同的时代主题共同组成和指向实现中华民族伟大复兴。在党的伟大奋斗历程中，实现中华民族伟大复兴贯穿战争与革命、和平与发展时代主题，融入党百年奋斗全过程，成为党和人民事业发展的主题、主线。

近代以来，西方列强入侵和封建统治腐败使中国逐步沦为半殖民地半封建社会，国家蒙辱、人民蒙难、文明蒙尘，帝国主义和中华民族的矛盾、封建主义和人民大众的矛盾是社会主要矛盾。实现中华民族伟大复兴，必须进行反帝反封建斗争，实现民族独立和人民解放。我们党把马克思列宁主义对时代的科学判断与中国具体实际相结合，顺应历史潮流，明确战争与革命是时代主题，为党和人民事业凝聚起广泛共识、汇聚起磅礴力量。

20 世纪 70 年代末以来，我们党深入分析时代特征和时代形势，科学判断时代主题。1984 年，邓小平同志指出："国际上有两大问题非常突出，一个是和平问题，一个是南北问题。还有其他许多问题，但都不像这两个问题关系全局，带有全球性、战略性的意义。"首次将和平与发展问题摆在时代前沿、提到战略高度。1987 年党的十三大报告根据国际形势和我国现代化建设的需要，第一次明确和平与发展是"两大主题"。在此基础上，1997 年党的十五大报告强调"和平与发展已成为当今时代的主题"，此后虽然国际形势发生重大变化，国内社会主要矛盾已经转化，但我们党始终强调"和平与发展仍然是时代主题"。这是我们党敏锐观察时代大势作出的科学判断，为全党和全国人民继续统一思想、凝聚力量，抓住重要战略机遇期聚精会神搞建设、一心一意谋发展提供了科学依据。

当前虽然时代主题没有变，但我国发展的外部环境面临新的变化和挑战。新时代的中国在以习近平同志为核心的党中央坚强领导下，坚持站在历史正确一边，坚持在时代前进的逻辑中前进，积极构建人类命运共同体，为人类追求和平与发展的崇高事业提供了中国智慧、中国理念和中国方案。

中国共产党善于奋发有为地创造时代成就

时代成就是完成时代任务并经过历史检验的最终成果，集中代表了走在时代前列的价值和意义。能不能在把握时代主题中完成时代任务并创造时代成就，特别是全局性、决定性、标志性的成就，是判断一个政党是否走在时代前列的根本依据。

百年来我们党团结带领人民在每个时代都创造了伟大的时代成就，都产生了深远的历史影响，具有划时代的历史意义。新民主主义革命时期，我们党领导人民浴血奋战、百折不挠，创造了新民主主义革命的伟大成就，成立中华人民共和国，实现民族独立、人民解放，彻底结束了旧中国半殖民地半封建社会的历史，彻底结束了极少数剥削者统治广大劳动人民的历史，彻底结束了旧中国一盘散沙的局面，彻底废除了列强强加给中国的不平等条约和帝国主义在中国的一切特权，实现了中国从几千年封建专制政治向人民民主的伟大飞跃，也极大改变了世界政治格局，鼓舞了全世界被压迫民族和被压迫人民争取解放的斗争。

社会主义革命和建设时期，我们党领导人民自力更生、发愤图强，创造了社会主义革命和建设的伟大成就，实现了中华民族有史以来最为广泛而深刻的社会变革，实现了一穷二白、人口众多的东方大国大步迈进社会主义社会的伟大飞跃。

改革开放和社会主义现代化建设新时期，我们党领导人民解放思想、锐意进取，创造了改革开放和社会主义现代化建设的伟大成就，推动我国实现了从高度集中的计划经济体制到充满活力的社会主义市场经济体制、从封闭半封闭到全方位开放的历史性转变，实现了从生产力相对落后的状况到经济总量跃居世界第二的历史性突破，实现了人民生活从温饱不足到总体小康、奔向全面小康的历史性跨越，推进了中华民族从站起来到富起来的伟大飞跃。

党的十八大以来，中国特色社会主义进入新时代，我们党领导人民自信自强、守正创新，创造了新时代中国特色社会主义的伟大成就，党和国家事业取得历史性成就、发生历史性变革。党的十九届六中全会系统总结和权威论述了十三个方面的成就和变革，充分彰显了中国特色社会主义的强大生机活力。这些成就和变革为实现中华民族伟大复兴提供了更为完善的制度保证、更为坚实的物质基础、更为主动的精神力量。

中国共产党善于坚持不懈地构筑时代精神

时代精神是在时代实践基础上产生并沉淀下来的，是能够反映时代面貌、引导时代发展的精神成果，是时代的精神特质和精神文明的升华。任何时代都有其时代精神，都在时代精神的激励下不断前行。从历史上看，时代精神通常是由领导进行时代实践、不断开拓时代的主体创造的。因此，能不能在时代实践推动下构筑时代精神、弘扬时代精神，也是判断一个政党是否走在时代前列的重要依据。

百年来我们党在革命、建设、改革历史进程中，在深刻把握时代主题、坚决完成时代任务、勇于创造时代成就的生动实践中，涌现了一大批视死如归的革命烈士、一大批顽强奋斗的英雄人物、一大批忘我奉献的先进模范，形成了井冈山精神等伟大精神，构筑起了以伟大建党精神为源头的中国共产党人的精神谱系。党的十九届六中全会在总结党领导人民百年奋斗的十大历史经验时指出，“以上十个方面，是经过长期实践积累的宝贵经验，是党和人民共同创造的精神财富”。《中共中央关于党的百年奋斗重大成就和历史经验的决议》进一步强调，“习近平新时代中国特色社会主义思想是当代中国马克思主义、二十一世纪马克思主义，是中华文化和中国精神的时代精华”。可以说，贯穿百年奋斗历程的中国共产党人的精神谱系，是全党全国各族人民团结奋斗的强大动力。

一百年来，我们党不断构筑引领时代前进、赓续传承的时代精神，激励着不同时代的人民群众共同致力于实现中华民族伟大复兴。在时代精神的指引下，全党全国各族人民在百年奋斗中积累的强大能量充分爆发出来，更加自信、自立、自强，更加有志气、骨气、底气，焕发出前所未有的历史主动精神、历史创造精神，正在信心百倍地推进新时代中国特色社会主义伟大实践。

总结百年奋斗重大成就和历史经验，我们党善于在分析社会主要矛盾基础上把握时代主题、完成时代任务、创造时代成就、铸就时代精神，从而始终走在时代前列。正因为如此，一百年来我们党才能从近代数百个政党中脱颖而出，在不同历史和时代条件下团结带领人民完成了近代以来中国其他各种政治力量都没有完成的历史使命和时代任务，成长为始终走在时代前列、人民衷心拥护、勇于自我革命、经得起各种风浪考验、朝气蓬勃的马克思主义执政党；才能在世界数千个政党中独树一帜，领导中国人民成功走出中国式现代化道路，创造了人类文明新形态，成长为引领时代潮流和人类前进方向、在世界形势深刻变化的历史进程中始终走在时代前列的世界第一大执政党。

（《学习时报》2021 年 12 月 17 日第 1 版）

注重汲取真理力量的伟大政党

在百年奋斗历程中，中国共产党之所以能够领导人民在一次次求索、一次次挫折、一次次开拓中完成各种艰巨任务，之所以能够在不断成长壮大中持续创造伟大成就，原因是多方面的，其中一个重要原因是，中国共产党始终注重汲取真理力量，即以科学态度对待马克思主义，坚持实事求是，积极顺应时代潮流。

一、以科学态度对待马克思主义

中国共产党从诞生之日起，就把马克思主义鲜明地写在自己的旗帜上。马克思主义是我们立党立国、兴党强国的根本指导思想。马克思主义理论不是教条而是行动指南，必须随着实践发展而发展，必须中国化才能落地生根、本土化才能深入人心。

（一）马克思主义是科学的理论

一种理论是否具有指导意义，主要不在于它是何时何地诞生的，而在于它是否科学。马克思主义深刻揭示了客观世界特别是人类社会发展的一般规律，被历史和实践证明是科学的理论。马克思主义深刻揭示了自然界、人类社会、人类思维发展的普遍规律，为人类社会发展进步指明了方向；马克思主义坚持实现人民解放、维护人民利益的立场，以实现人的自由而全面的发展和全人类解放为己任，反映了人类对理想社会的美好憧憬；马克思主义具有鲜明的实践品格，不仅致力于科学“解释世界”，而且致力于积极“改变世界”，是指引着人民改造世界的科学真理。

（二）必须结合本国实际创造性地运用

马克思主义世界观不是教义，而是方法。它提供的不是现成的教条，而是进一步研究的出发点和研究的方法。因此，希冀从马克思主义经典著作中寻章摘句就能找到解决现实问题的答案，最终只会徒劳无功。马克思恩格斯在《共产党宣言》1872 年德文版序言中指出，“这些原理的实际运用，正如《宣言》中所说的，随时随地都要以当时的历史条件为转移”。列宁说：“我们决不把马克思的理论看作某种一成不变的和神圣不可侵犯的东西；恰恰相反，我们深信：它只是给一种科学奠定了基础……因为它所提供的只是总的指导原理，而这些原理的应用具体地说，在英国不同于法国，在法国不同于德国，在德国又不同于俄国。”因此，必须根据社会历史条件的变化，对马克思主义基本原理进行创造性运用，既坚持马克思主义的基本原理和立场观点方法，又要用发展的眼光观察形势、分析事物，不断研究和回答实践中提出的新问题。

（三）把坚持和发展有机统一起来

马克思主义是不断发展的开放的理论，必然要随着实践的发展而发展。一部马克思主义发展史就是不断根据时代、实践、认识发展而发展的历史，就是不断吸收人类历史上一切优秀思想文化成果丰富自己的历史。以毛泽东同志为主要代表的中国共产党人，把马克思主义基本原理同中国具体实际相结合，使马克思列宁主义在中国得到创造性运用和发展，创立了毛泽东思想。毛泽东思想是被实践证明了的关于中国革命和建设的正确的理论原则和经验总结，是马克思主义中国化的第一次历史性飞跃。改革开放和社会主义现代化建设新时期，党从新的实践和时代特征出发坚持和发展马克思主义，科学回答了建设中国特色社会主义的发展道路、发展阶段、根本任务、发展动力、发展战略、政治保证、祖国统一、外交和国际战略、领导力量和依靠力量等一系列基本问题，形成中国特色社会主义理论体系，实现了马克思主义中国化新的飞跃。进入新时代，以习近平同志为主要代表的中国共产党人，从新的实际出发，创立了习近平新时代中国特色社会主义思想。习近平新时代中国特色社会主义思想坚持以科学态度对待马克思主义，深刻回答了新时代坚持和发展什么样的中国特色社会主义、怎样坚持和发展中国特色社会主义，建设什么样的社会主义现代化强国、怎样建设社会主义现代化强国，建设什么样的长期执政的马克思主义政党、怎样建设长期执政的马克思主义政党等重大时代课题，提出一系列原创性的治国理政新理念新思想新战略，是当代中国马克思主义、二十一世纪马克思主义，是中华文化和中国精神的时代精华，实现了马克思主义中国化新的飞跃。

二、始终坚持实事求是

实事求是，是马克思主义的根本观点，是中国共产党的基本思想方法、工作方法、领导方法。中国共产党之所以能在历经苦难中创造辉煌，之所以从立党、兴党走向强党，根本在于坚持解放思想、实事求是，与时俱进、求真务实。

（一）实事求是的基础是把握基本国情

无论承载着怎样的历史使命或社会理想，社会实践的主体对国家的发展道路、社会制度的选择都要建立在科学全面地把握本国基本国情之上。独特的国情，决定中国必须走独特的革命道路和建设道路。党领导人民在新民主主义革命时期浴血奋战、百折不挠，走出了一条独特的农村包围城市、武装夺取政权的道路；在社会主义革命和建设时期自力更生、发愤图强，探索出一条适合我国国情的工业化道路；在改革开放和社会主义现代化建设新时期解放思想、锐意进取，走出了一条中国特色社会主义道路。当代中国的最大国情就是我国仍处于社会主义初级阶段，这是我们认识当下、规划未来、制定政策、推进事业的客观基础，是建设中国特色社会主义的总依据。因此，在任何情况下都要牢牢把握这个最大国情，不仅在经济建设中要始终立足初级阶段，而且在政治建设、文化建设、社会建设、生态文明建设中也要始终牢记初级阶段；不仅在经济总量低时要立足初级阶段，而且在经济总量提高后仍然要牢记初级阶段；不仅在谋划长远发展时要立足初级阶段，而且在日常工作中也要牢记初级阶段。进一步来看，把握基本国情还必须着眼于客观实际的发展变化，准确把握新发展阶段的新变化新特点新要求。

（二）实事求是的关键是遵循客观规律

毛泽东同志曾对“实事求是”作过精辟的概括，他指出：“‘实事’就是客观存在着的一切事物，‘是’就是客观事物的内部联系，即规律性，‘求’就是我们去研究。我们要从国内外、省内外、县内外、区内外的实际情况出发，从其中引出其固有的而不是臆造的规律性，即找出周围事变的内部联系，作为我们行动的向导。”坚持实事求是，关键在于“求是”，就是探求和掌握事物发展的规律。对事物客观规律的认识，只能在实践中完成。勇于实践、善于实践，在实践中积累经验、把握规律、进行理论升华，再用以指导实践、推动实践，在实践中使认识得到检验、修正、丰富和发展，这是认识与把握客观规律的根本途径与必由之路。习近平新时代中国特色社会主义思想就是科学把握客观规律而产生的理论创新成果，这一思想坚持治党与治国、坚持党的领导与加强党的建设有机统一，深化了对共产党执政规律的认识；坚持科学社会主义基本原则与中国实际和时代特征相结合，深刻回答了社会主义的本质规定、基本内涵、价值立场、发展阶段、发展目标、发展理念、发展动力、建设布局、发展战略等重大问题，深化了对社会主义建设规律的认识；坚持中国发展与人类进步有机统一，为破解当今世界的发展难题提供了中国理念与中国智慧，深化了对人类社会发展规律的认识。

（三）实事求是的要求是坚持理论联系实际

坚持实事求是必须一切从实际出发。一切从实际出发，是坚持世界物质统一性的必然要求。要了解客观实际，就必须深入群众、深入实践进行调查研究，把客观存在的事实搞清楚，把事物的内部和外部联系弄明白，从中找出能够解决问题、符合群众要求的办法来。坚持实事求是必须坚持理论联系实际。理论是从实践中产生的，理论是否正确还要接受实践检验并要在实践中得到丰富和发展；同时，理论只有与实际紧密联系，才能发挥对实践的指导作用，实现自身的价值和意义。理论如果脱离了实际，就会成为僵化的教条，就会失去其活力与生命力。

三、积极顺应时代潮流

汲取真理的力量，必须与时代同向同行。在百年奋斗历程中，中国共产党正是由于始终顺应时代潮流，挺立时代潮头，发出时代先声，才成为推动时代进步的先锋。只要我们顺应时代潮流，回应人民要求，勇于推进改革，准确识变、科学应变、主动求变，永不僵化、永不停滞，就一定能够创造出更多令人刮目相看的人间奇迹。

（一）准确把握时代主题

一个国家的发展能不能取得成功，与其是否能够把握时代特征、顺应时代潮流休戚相关。20 世纪 70 年代后期到 80 年代中期，邓小平同志敏锐觉察到世界范围新科技革命日新月异的发展，同时注意到由于美国在越南战争失败和苏联在阿富汗受挫，有资格打世界大战的两个超级大国全球战略部署都未能实现，而发展中国家谋求发展，必定成为时代大潮。基于这一重大战略判断，我们党形成了对时代主题和时代特征的科学判断，作出把党和国家工作中心转移到经济上来、实行改革开放的历史性决策，制定了到二十一世纪中叶分三步走、基本实现社会主义现代化的发展战略，成功开创了中国特色社会主义。历史证明了我们党对时代特征的把握是正确和深刻的。当前，世界处于大发展大变革大调整时期，只有深入把握世界多极化、经济全球化、文化多样化、社会信息化深入发展的大趋势，顺应历史潮流，积极应变、主动求变，我们党才能始终站在历史正确一边，始终与时代同行，永葆自身先进性。

（二）持续扩大对外开放

纵观人类社会发展史，开放则兴，封闭则衰。中国由于在鸦片战争以前两三百年间实行闭关锁国的政策，因而逐步与外部世界隔绝，才在世界现代化进程中落于人后，落后于时代发展的潮流。实践证明，只有扩大对外开放，才能吸收人类文明成果，才能与时代同频共振，才能推动人类进步。改革开放拉开大幕后，中国坚持打开国门搞建设，从一个相对封闭的经济体转变为与世界经济深度融合、日趋开放的经济体，取得了举世瞩目的发展成就。我们党把对外开放作为基本国策，就是顺应时代潮流，在对外开放条件下、在同经济全球化相联系的过程中建设、巩固和发展社会主义。在新时代，我国将在实现自身发展的同时，积极扩大对外开放，为世界各国共同发展作出更大贡献。正如党的十九届六中全会通过的《中共中央关于党的百年奋斗重大成就和历史经验的决议》指出："党始终以世界眼光关注人类前途命运，从人类发展大潮流、世界变化大格局、中国发展大历史正确认识和处理同外部世界的关系，坚持开放、不搞封闭，坚持互利共赢、不搞零和博弈，坚持主持公道、伸张正义，站在历史正确的一边，站在人类进步的一边。"

（三）有效汇聚人民意愿

人民群众的愿望与呼声总是与时代潮流相一致。百年来，我们党始终坚持人民立场，在汇集民意中把握时代，在赢得民心中赢得未来。我们党的根基在人民、血脉在人民。只要紧紧依靠人民、牢牢植根人民，就能获得无穷的力量，就能跟上时代的脚步。习近平新时代中国特色社会主义思想坚持以人民为中心的根本立场，是中国共产党人不忘初心、牢记使命的鲜明表达，也是挺立时代潮头、科学回答时代之问、发出时代先声的伟大思想理论。在价值理念上，这一思想将“人民”放在治国理政的最高位置；在战略布局上，这一思想始终坚持以人民为中心，协调推进“四个全面”战略布局，扎实推动全体人民共同富裕取得更为明显的实质性进展；在实施路径上，这一思想牢牢把握人民对美好生活的向往，把以人民为中心的发展思想贯彻到社会主义现代化建设全过程、各方面。

（《解放军理论学习》2021 年第 11 期）

第二章

初心使命与价值追求

追求守望初心的真理和价值

习近平总书记在纪念马克思诞辰200周年大会上的讲话中指出，马克思一生饱尝颠沛流离的艰辛、贫病交加的煎熬，但他初心不改、矢志不渝，为人类解放的崇高理想而不懈奋斗，成就了伟大人生。

中国共产党人是马克思主义忠诚的信奉者与践行者，追根溯源，中国共产党人的初心是马克思主义者的初心与中国具体实际相结合的产物，是马克思主义中国化的产物。马克思主义既教给了中国共产党人守望初心的真理学说，又教给了中国共产党人守望初心的价值追求，更重要的是教会了中国共产党人在实践中实现真理与价值的有机统一。

一、在坚守价值追求中守望初心

习近平总书记指出，马克思主义是人民的理论，第一次创立了人民实现自身解放的思想体系。马克思主义博大精深，归根到底就是一句话，为人类求解放。习近平总书记指出，人民对美好生活的向往，就是我们的奋斗目标。要着力践行以人民为中心的发展思想。从中可以清晰看到一条一脉相承又与时俱进的思想主线，这就是：始终站在人民群众立场上，一切为了人民、一切相信人民、一切依靠人民。这就是马克思主义的根本出发点和落脚点，也就是中国共产党人最根本的价值追求。

为绝大多数人谋利益决定了中国共产党人守望初心的血脉基因。马克思主义是为绝大多数人谋利益的学说，马克思、恩格斯在《共产党宣言》中对共产党的性质作出了明确的规定：“过去的一切运动都是少数人的或者为少数人谋利益的运动。无产阶级的运动是绝大多数人的、为绝大多数人谋利益的独立的运动。”

在此意义上，习近平总书记指出，人民立场是中国共产党的根本政治立场，是马克思主义政党区别于其他政党的显著标志。党与人民风雨同舟、生死与共，始终保持血肉联系，是党战胜一切困难和风险的根本保证，正所谓“得众则得国，失众则失国”。

为绝大多数人谋利益决定了中国共产党人守望初心的实际行动。习近平总书记指出，马克思主义不是书斋里的学问，而是为了改变人民历史命运而创立的，是在人民求解放的实践中形成的，也是在人民求解放的实践中丰富和发展的，为人民认识世界、改造世界提供了强大精神力量。为了实现人民利益，中国共产党人在革命年代顽强奋斗，努力推翻不合理的旧制度，致力于建立一个为绝大多数人的利益服务的新社会制度；在建设和改革年代，他们坚持和发展社会主义，解放和发展社会生产力，不断为适应社会生产力发展调整生产关系，不断为适应经济基础发展完善上层建筑。

面向未来，当代中国共产党人要勇于全面深化改革，自觉通过调整生产关系激发社会生产力发展活力，自觉通过完善上层建筑适应经济基础发展要求，让中国特色社会主义更加符合规律地向前发展。

为绝大多数人谋利益确立了中国共产党人守望初心的根本依靠。人民性是马克思主义最鲜明的品格，这要求中国共产党人必须紧紧依靠人民共同创造幸福生活，始终坚持人民是历史的创造者，把实现好、维护好、发展好最广大人民根本利益作为自己出发点和落脚点，坚持人民群众的主体地位，坚持一切从人民的根本利益出发，一切为了群众，一切依靠群众；必须把从群众中集中起来的意见，拿到群众中去实践和验证，使正确的意见为群众所掌握，并将之转化为改造世界的实际行动。

正是这些根本理论判断和基本价值立场，教会了中国共产党人坚守人间的沧桑正道、天下为公的大道，坚定宗旨意识，始终把人民放在心中最重要的位置，并身体力行，在为人民谋幸福、为民族谋复兴的道路上无私奉献。

二、在坚守真理追求中守望初心

马克思主义是科学的理论，创造性地揭示了人类社会发展规律。正是马克思主义的科学世界观和方法论，教会了中国共产党人守望初心要坚持从实际出发，坚持把握与遵循客观规律，坚持科学精神，运用科学方法，鼓足了为人民谋幸福、为民族谋复兴道路上的大无畏勇气。

辩证唯物论指明了守望初心的世界观基础。辩证唯物论科学地解决了哲学的基本问题，强调一切从实际出发，实事求是，反对主观主义，这为中国共产党人守望初心提供了科学的世界观基础。正如习近平总书记所强调的，要学习掌握世界统一于物质、物质决定意识的原理，坚持从客观实际出发制定政策、推动工作。马克思主义认为，人的全部活动都离不开认识和实践这两个方面，人的认识活动是在观念上实现主观与客观的统一，从而正确地认识世界；人的实践活动是在行动中实现主观与客观的统一，从而能动地改造世界。习近平总书记强调，要学习掌握认识和实践辩证关系的原理，坚持实践第一的观点，不断推进实践基础上的理论创新。

唯物辩证法指明了守望初心的方法论基础。事物的矛盾运动原理要求我们以对立统一的矛盾观去观察、分析、解决一切问题。习近平总书记强调，要学习掌握事物矛盾运动的基本原理，不断强化问题意识，积极面对和化解前进中遇到的矛盾。运用唯物辩证法的思维方式和基本范畴，就是以矛盾的观点去分析问题。以矛盾的观点分析问题，最重要的是掌握和运用唯物辩证法的“两点论”和“重点论”。正如习近平总书记所强调的，要学习掌握唯物辩证法的根本方法，不断增强辩证思维能力，提高驾驭复杂局面、处理复杂问题的本领。唯物辩证法摆脱了形而上学和机械唯物主义的窠臼，为中国共产党人守望初心提供了科学的方法论基础。

唯物史观拓展了守望初心的历史视野。马克思和恩格斯所创立的历史唯物主义，科学揭示了人类社会发展的一般规律，用规范性的科学概念如生产力、生产关系、经济基础、上层建筑等社会发展的基本因素来阐释人类社会发展的历史性规律，从而为我们科学认识一定社会发展阶段和经济状况下的历史现象提供了强大的思想武器。作为历史活动主体的人，不但能够认识历史规律，而且应当也必然能够顺应和运用历史规律，从而发挥对于历史的主体能动作用。一定的社会生产方式决定社会关系的性质和人的生活方式，这构成了人的实践活动的历史性前提，同时也给历史性创造活动提供了内容和发展方向。人在历史性的实践中改造外部世界，同时也改造自身，这就是人的社会实践活动的历史意义所在。中国共产党人的初心和使命，只有从历史唯物主义的视野才能得到最清晰的认知和理解。

三、在实践中实现真理与价值的有机统一

习近平总书记指出，实践的观点、生活的观点是马克思主义认识论的基本观点，实践性是马克思主义理论区别于其他理论的显著特征。中国共产党人对于初心的守望，归根结底要体现在追求真理、服务人民的实践之中，通过实践使真理转化为价值，通过实践使价值转化为真理，在实践的基础上实现真理与价值的相互转化和有机统一。

中国共产党人守望初心必须始终勇于改造世界。马克思和恩格斯认为，对实践的唯物主义者即共产主义者来说，全部问题都在于使现存世界革命化，实际地反对并改变现存的事物。马克思主义认为，实践是人类能

动地改造客观世界的物质性活动，实践具有物质性、自觉能动性和社会历史性等基本特征。在马克思主义看来，社会生活的实践性本质主要表现在：实践是社会关系形成的基础；实践形成了社会生活的基本领域，实践构成了社会发展的动力。

这种认识使得马克思主义者必然是追求真理与价值统一的实践者，正如马克思所言，哲学家们只是用不同的方法解释世界，而问题在于改变世界。以社会革命视野观之，中国共产党领导中国人民所进行的革命、建设和改革，都是中国共产党人为了初心和使命而进行的伟大社会革命的必不可少的组成部分。

中国共产党人守望初心必须始终勇立时代潮头。实践论给了中国共产党人守望初心、坚持真理、修正错误的理论能量和思想财富。马克思主义坚持顺应时代潮流，把握时代大势，紧跟时代脉动，以此来形成正确的认识，并采取有效的行动。在新民主主义革命、社会主义建设和改革开放伟大实践进程中，中国共产党人始终勇立时代潮头，致力于回答时代提出的重大课题，在顺应时代潮流的实践中坚持真理、修正错误，在把握时代大势和社会进步中不断与时俱进，在为人民谋幸福、为民族谋复兴的道路上百折不挠。

党的十八大以来，以习近平同志为核心的党中央团结带领全党全国各族人民，解难题，办大事，使中国特色社会主义取得历史性成就、发生历史性变革，从而使得中国特色社会主义进入了新时代。这是中国共产党人勇立时代潮头的一个明证。

中国共产党人守望初心必须始终勇于自我革命。自我革命是马克思主义的一贯要求，也是我们党加强自身建设的历史经验总结。马克思和恩格斯不仅强调在革命斗争中改造客观世界，而且认为必须改造自己的主观世界，“抛掉自己身上的一切陈旧的肮脏的东西”。

党的十八大以来，我们党坚持以自我革命精神推进全面从严治党，以刮骨疗毒的勇气、壮士断腕的决心，直面党的自身建设积弊，猛药去疴，着力从政治建设、思想建设、组织建设、作风建设、制度建设等各个方面管党治党，取得了前所未有的成果。正如习近平总书记所强调的，勇于自我革命，是我们党最鲜明的品格，也是我们党最大的优势。这一重大政治论断，正是从中国共产党作为一个马克思主义执政党，从中国共产党人作为最忠诚的马克思主义者的角度出发作出的，它是对中国共产党和中国共产党人政治品格的精练概括。

（《光明日报》2018 年 5 月 28 日第 5 版）

守望初心的三维视野

中国共产党人的初心，从理论渊源上来自于作为忠实而坚定的马克思主义者的初心。只有守望马克思主义者的初心坚定不移，中国共产党人的初心才能永志不忘。习近平新时代中国特色社会主义思想是激励和鼓舞中国共产党人守望初心的强大动力，中国特色社会主义是中国共产党人实现初心的根本途径和现实基础。

习近平总书记在纪念马克思诞辰200周年大会上的讲话中指出：马克思主义“这一理论犹如壮丽的日出，照亮了人类探索历史规律和寻求自身解放的道路”。历史在发展，时代在进步，作为马克思主义忠诚的信奉者与践行者，中国共产党人追求共产主义的崇高理想矢志不渝，对资本主义的制度批判一以贯之，对中国特色社会主义的远大前程充满自信。

追求共产主义的崇高理想：在目标建构中确立初心

无论走得多远，也不能忘记为什么出发。共产党，顾名思义，就是姓“马”、姓“共”，信马克思主义、共产主义。马克思主义者是坚定的理想主义者，为了理想而奋斗不息，百折不挠。

共产主义给了中国共产党人厚重的真理光芒。习近平总书记在纪念马克思诞辰200周年大会上的讲话中指出，马克思创建了唯物史观和剩余价值学说，揭示了人类社会发展的一般规律，揭示了资本主义运行的特殊规律，为人类指明了从必然王国向自由王国飞跃的途径，为人民指明了实现自由和解放的道路。中国共产党人之所以能够守望初心而矢志不渝，就在于始终坚持马克思主义的科学真理，始终注重顺应时代潮流，从而为推动社会历史进步贡献自己的力量。中国共产党从成立之日起就把共产主义作为科学真理加以遵循和信仰；我们党之所以能够经受一次次挫折而又一次次奋起，归根到底是因为有共产主义这一科学真理的指导与激励。

共产主义给了中国共产党人先进的价值引领。在悠久的历史长河中，人类从未停止过对美好社会的憧憬与追求，在古代中国有圣王之世、大同社会等，在西方有理想国、乌托邦、太阳城等。相比之下，只有共产主义才代表了人类对未来社会最科学最美好的构想，是迄今为止人类的最高理想。只有在共产主义社会中，人民才会获得真正的自由和解放，自由地发挥和发展他们的全部才能和力量，人民才能真正成为自己的主人、社会的主人、人类社会发展的主人，马克思主义者的初心才能最终实现。以人民为中心的理念，为人民谋幸福的初心，体现着中国共产党人的追求，蕴藏着马克思主义的根脉。中国共产党人在革命、建设和改革的历史进程中，始终坚持全心全意为人民服务的根本宗旨，始终把人民对美好生活的向往作为奋斗目标，始终把依靠人民和为了人民统一起来，书写了坚守初心的精彩华章。

共产主义给了中国共产党人严格的行为律令。对中国共产党人来说，共产主义之所以并非虚无缥缈，乃是因为它作为思想力量、精神鼓舞和目标指引，都切实发挥着修炼党性、陶冶心性、升华人性的重要作用。能否坚定共产主义远大理想是判断一个马克思主义者的恒久标准。共产主义是共产党人的根和本，只有在立根固本上下足了功夫，才会有强大的免疫力和抵抗力。习近平总书记指出，马克思主义奠定了共产党人坚定理想信念的理论基础。我们要全面掌握辩证唯物主义和历史唯物主义的世界观和方法论，深刻认识实现共产主义是由一个一个阶段性目标逐步达成的历史过程，把共产主义远大理想同中国特色社会主义共同理想统一起来、同我们正在做的事情统一起来，坚定中国特色社会主义道路自信、理论自信、制度自信、文化自信，坚守共产党人的理想信念，像马克思那样，为共产主义奋斗终身。正是这样一种对理想的执着和实现理想的坚毅，教会了中国共产党人始终胸怀大志、脚踏实地，永远保持建党时的奋斗精神，在为人民谋幸福、为民族谋复兴的道路上始终保持蓬勃朝气、昂扬锐气和浩然正气。

坚持和运用对资本主义的科学诊断：在制度批判中强固初心

马克思主义诞生的前提就是对资本主义的科学批判，马克思主义者初心的孕育也恰是来自于对资本主义在批判中的超越。马克思主义者是批判者、革命者，对资本主义总体上持批判态度。正是对资本主义病症的科学诊断，才更加证明了马克思主义的旺盛生命力，更加坚定了中国共产党人的初心与使命。

在揭示资本主义价值增殖逻辑中强固初心。尽管在历史中曾起到过一定的进步作用，但资本主义本质上是一种压迫人、剥削人、使人不成为人的制度，这是它必然要遭到抛弃的根本所在。一百多年来，无论资本主义发生了怎样的变化，马克思主义经典作家对资本主义本质的判断从没有过时。在马克思主义看来，资本的本性是通过运动实现价值增殖，而资本的运动是无止境的，哪里能够实现价值增殖，它就会推进到哪里；资本运动的最终目的，是要在全世界范围内形成统一的市场体系，并以此为基础占领整个社会的生产生活方式。资本主导的逻辑一定意义上能解决“物”的问题，却解决不了“人”的问题，并且会给人的自由而全面发展带来灾难性后果。资本主义的病理机制提醒中国共产党人，当代中国的发展必须是以人民为中心的发展，必须始终坚持发展为了人民，必须正确认识与处理人的发展与物的发展的关系，而不能本末倒置。

在认清资本主义全球扩张面目中强固初心。一部世界近代史，就是一部利益驱动下的资本主义的全球扩张史。冷战期间的两大阵营对峙，使得资本主义制度发生了新的“进化”，整个资本主义世界的政治、经济、军事和社会制度安排等实现了高度的“一体化”。冷战后，凭借这个“一体化”所形成的种种制度机制和前所未有的霸权力量，资本主义强国综合运用贸易、战争等手段在全世界攫取了前所未有的“霸权红利”。资本主义发迹史、发展史警醒世人，守望马克思主义者的初心不但没有过时，反而比以往任何时候都显得紧迫：只有借助马克思主义者的初心，才能扬弃资本主义。当代中国共产党人认定和平合作、开放融通、变革创新的时代潮流滚滚向前，彰显着与马克思一脉相承的世界视野和人类情怀。

在把握资本主义的深刻社会矛盾中强固初心。近些年来，调整中的资本主义世界暴露出了越来越多的自身难以克服的矛盾，如经济复苏进程依然十分缓慢、经济持续低迷、经济发展成果没有被广泛分享、贫富差距不断拉大，等等。这些都是资本主义制度内在的难以克服的矛盾在全球化、信息化时代所表现出的综合性病症。西方国家将资本主义制度产生的内部矛盾外部化，是当今世界出现严重的“和平赤字”“发展赤字”“治理赤字”的根本原因。深刻的现实危机进一步证明了马克思主义对资本主义的诊断与批判是不易之论，进一步强固了中国共产党人为人民谋幸福、为民族谋复兴、为世界谋大同而奋斗的初心。

坚持与发展中国特色社会主义：在道路自信中守望初心

世界之变、中国之治和西方之乱，使得当今世界比以往任何时候都需要中国向世界展示自己的智慧和方案。历史和现实充分表明，中国特色社会主义是中国共产党人守望初心、实现初心的根本途径和现实基础。

道路自信具有严密的历史逻辑。习近平总书记指出，一个国家实行什么样的主义，关键要看这个主义能否解决这个国家面临的历史性课题。在长期实践探索中，中国共产党以马克思主义为科学指导，团结带领全国各族人民，坚持独立自主走自己的路，取得革命、建设、改革伟大胜利，开创和发展了中国特色社会主义，走进中国特色社会主义新时代，从根本上改变了中国人民和中华民族的前途命运。铁一般的事实充分证明，只有社会主义才能救中国，只有中国特色社会主义才能发展中国，只有坚持和发展中国特色社会主义才能实现中华民族伟大复兴。

道路自信具有深厚的理论基础。科学社会主义指明了无产阶级和人民群众建设社会主义和共产主义的历史使命。中国特色社会主义，是科学社会主义理论逻辑和中国社会发展历史逻辑的辩证统一，是植根于中国大地、反映中国人民意愿、适应中国和时代发展进步要求的科学社会主义。以习近平同志为核心的党中央在深入把握中国特色社会主义的科学性和真理性的基础上，以高度的自信和创新精神，在领导人民推进改革开放和社会主义现代化建设的进程中继续开拓，创立了习近平新时代中国特色社会主义思想这一伟大理论创新成果，开辟了中国特色社会主义新境界，这给予中国共产党人守望初心以极大的理论自信和理论提升。习近平新时代中国特色社会主义思想是实现中华民族伟大复兴的行动指南，是必须长期坚持并不断丰富发展的科学理论体系，是激励和鼓舞中国共产党人守望初心的强大动力。

道路自信具有强劲的实践支撑。致力于改革开放和社会主义现代化建设事业的中国共产党，团结带领全国各族人民取得了举世瞩目的伟大成就。中国在经济、政治、文化、社会和生态文明建设等方面所取得的成就是显著的、毋庸置疑的，在保持发展的自主性、独立性、连续性和有效性等方面所取得的成就是显著的、毋庸置疑的，在经济发展结构、工业生产体系、人民文化素质、公共管理效能和政党权威性等方面，也具有独特的优势。中国共产党的治国理政成绩值得赞叹。特别是党的十八大以来，以习近平同志为核心的党中央团结带领全国各族人民，解决了许多长期想解决而没有解决的难题，办成了许多过去想办而没有办成的大事，使得国家发生了历史性变革，中国特色社会主义进入新时代，前所未有地迎来中华民族伟大复兴的光明前景。

（《学习时报》2018 年 6 月 1 日第 1 版）

守望初心的科学理论

指导思想是一个政党的精神旗帜。

建党以来，中国共产党之所以能够完成近代以来各种政治力量不可能完成的艰巨任务，就在于始终把马克思主义这一科学理论作为自己的行动指南，并坚持在实践中不断丰富和发展马克思主义。这使我们党得以摆脱以往一切政治力量追求自身特殊利益的局限，以唯物辩证的科学精神、无私无畏的博大胸怀领导和推动中国革命、建设、改革，不断坚持真理、修正错误。无论是处于顺境还是逆境，我们党从未动摇对马克思主义的信仰。

党的十八大以来，习近平新时代中国特色社会主义思想运用马克思主义立场观点方法，紧紧围绕新时代坚持和发展什么样的中国特色社会主义、怎样坚持和发展中国特色社会主义这一重大时代课题，凝结新的思想精华，概括开创性的实践经验，提出一系列新思想新观点新论断，构建起新的思想理论体系。这一新思想不仅是马克思主义中国化最新成果，是党和人民实践经验和集体智慧的结晶，是中国特色社会主义理论体系的重要组成部分，是国家政治生活和社会生活的根本指针，而且是中国精神的时代精华，是当代中国马克思主义，是21世纪马克思主义。这一科学理论坚持以人民为中心的发展思想，体现了博大的人民情怀，展示了21世纪马克思主义的温暖底色。

在思想认识上，这一科学理论将“人民”放在治国理政的最高位置。一是坚持“人民至上论”。习近平总书记指出，“老百姓是天，老百姓是地。忘记了人民，脱离了人民，我们就会成为无源之水、无本之木，就会一事无成”。因此，要始终把人民放在心中最高位置。二是坚持人民智慧论。生活最深刻，群众最智慧。在人民面前，我们永远是小学生，必须自觉拜人民为师，向能者求教，向智者问策。三是坚持人民创造论。灿烂的中华文明是人民创造的，伟大的民族精神是人民培育的，从站起来、富起来到强起来的伟大飞跃是人民奋斗迎来的。人民是决定党和国家前途命运的根本力量，必须树立人民的主体地位，尊重群众的首创精神，依靠人民创造历史伟业。四是坚持人民幸福论。要以为人民谋幸福为初心，把人民对美好生活的向往作为党的奋斗目标，团结带领人民创造美好生活，逐步实现全体人民共同富裕。五是坚持人民评判论。习近平总书记深刻指出，时代是出卷人，我们是答卷人，人民是阅卷人。一切工作的成败得失要由人民来检验，以人民拥护不拥护、赞成不赞成、高兴不高兴、答应不答应作为根本标准，使党的事业始终体现群众意愿，经得起实践、历史和人民的检验。六是坚持人类命运共同体论。习近平总书记既有家国情怀，也有天下情怀。习近平总书记强调，中国共产党是为中国人民谋幸福的政党，也是为人类进步事业而奋斗的政党，始终把为人类做出新的更大的贡献作为自己的使命。中国人民愿同各国人民一道，推动人类命运共同体建设，共同创造人类的美好未来。

在战略布局上，这一科学理论坚持一切为了人民的根本立场。战略布局是从思想认识转化为实施路径的中介，既是思想认识的具体化，又是实施路径的概括化。党的十八大以来，以习近平同志为核心的党中央提出了“四个全面”战略布局，鲜明体现了我们党全心全意为人民服务的根本宗旨。从全面建成小康社会来说，党中央在规划和设计宏伟蓝图时就把“人民生活水平和质量普遍提高”作为一项基本目标，内容覆盖就业、教育、文化体育、社会保障、医疗、住房等民生领域；同时，全面小康是领域、区域和人口相统一的小康，是一个都不能少、一个都不能掉队的小康，是惠及全体国民的小康。从全面深化改革来看，出发点和落脚点是促进社会公平正义、增进人民福祉，着力点是尊重人民主体地位、发挥群众首创精神，在体制机制上消除阻力、增添动力必将充分激发社会创造活力。从全面依法治国来看，我们党坚定不移走中国特色社会主义法治道路，始终坚持把反映人民愿望、体现人民利益、维护人民权益、增进人民福祉落实到立法、守法、执法与司法的全过程，切实保障公民人身权、财产权、人格权及基本政治权利等不受侵害，努力让人民群众在每一起司法案件中感受到公平正义。从全面从严治党来看，只有解决了侵蚀党的健康肌体的病毒和人民群众反映强烈的突出问题，才能维护党在人民群众心目中的光辉形象，才能进一步巩固与深化党同人民群众的血肉联系；为此，就要在推进伟大社会革命的过程中以刮骨疗毒、壮士断腕的方式开展自我革命，展示勇气之刚毅、要求之严格、惩戒之严厉，实现内容无死角、主体全覆盖与劲头不松懈的统一。

在实施路径上，这一科学理论紧紧围绕人民群众的美好生活需要来推进社会主义现代化建设。在经济建设上，坚持以转变经济发展方式为前提，以供给侧结构性改革为主线，以实施创新驱动战略为动力，以建设现代化经济体系为目标，努力解决发展不平衡、不充分的问题，为满足人民的美好生活需要奠定雄厚的物质基础。在政治建设上，坚持中国特色社会主义政治发展道路，坚持党的领导、人民当家作主与依法治国有机统一，不断扩大社会主义民主，为人民当家作主提供根本政治保障。在文化建设上，牢牢把握意识形态领导权，培育与践行社会主义核心价值观，加强网络建设与治理，繁荣发展社会主义文艺，大力发展文化事业和文化产业，为满足人民美好生活需要提供精神动力与思想保证。在社会建设上，努力保障与改善民生，加强社会治理，贯彻精准扶贫、精准脱贫政策，有效解放和激活了社会活力，为人民不断增强获得感、幸福感与安全感提供良好社会条件。在生态建设上，着力解决突出环境问题，大力推进绿色低碳循环发展，健全生态文明制度体系，建设“美丽中国”，充分满足人民对优美生态环境的需要。在国际关系中，全面推进中国特色大国外交，实施“一带一路”发展战略，推动构建人类命运共同体，引领全球治理体制变革，为解决人类问题提供了中国方案，为开创人类美好未来贡献了中国智慧。

从实践成效上看，这一科学理论指引了造福人民的伟大实践。党的十八大以来，在以习近平同志为核心的党中央坚强领导下，在习近平新时代中国特色社会主义思想的引领下，在全国人民的团结一心砥砺奋进下，我们党解决了许多长期想解决而没有解决的难题，办成了许多过去想办而没有办成的大事，推动党和国家事业发生历史性变革。例如，通过推出一系列重大举措、推进一系列重大工作，使八千多万农业转移人口成为城镇居民，使六千多万贫困人口稳定脱贫，使城镇新增就业年均达到一千三百万人以上。再比如，通过推进全面从严治党，加大力度“打虎”“拍蝇”“猎狐”，采取有效的亮剑、发声、清网等行动，严格落实中央八项规定精神，大力加强党内监督，推动纪检、监察、派驻、巡视“四个全覆盖”，使威胁党的执政基础的突出问题得到了有效遏制，使党同人民群众的血肉联系得到了加强。之所以说这些成就是全方位的、开创性的，这些变革是深层次的、根本性的，就在于我们党坚持和践行“天下为公”，真实反映与表达了人民群众的迫切愿望与根本利益，充分调动与焕发了人民群众的积极性主动性创造性，有效顺应与满足了人民群众对美好生活的期待与向往。我们有理由相信，进入中国特色社会主义新时代，在建党以来接续奋斗，特别是党的十八大以来历史性变革的基础上，在习近平新时代中国特色社会主义思想的指引下，只要继续保持并强化人民至上的温暖底色，坚持和加强党的全面领导，党的十九大所确立的全面建成社会主义现代化强国的战略目标就一定能够实现。

（《中国纪检监察报》2018 年 6 月 28 日第 5 版）

深刻理解和把握“不忘初心”

习近平总书记在党的十九大报告中指出，不忘初心，方得始终。中国共产党人的初心和使命，就是为中国人民谋幸福，为中华民族谋复兴。致力于初心和使命的中国共产党，要永远保持建党时中国共产党人的奋斗精神，永远保持对人民的赤子之心，这是中国共产党永葆青春活力之源泉。

“不忘初心”具有丰富的内涵

“不忘初心”，简单说，就是不要忘记我们党的理想、信念、宗旨。纵观习近平总书记对于“不忘初心”的用法可以发现，这是一个既具有内在联系而又区分层次的命题，具有丰富的内涵。

首先，“不忘初心”是针对党员个体而言的。2015 年 7 月 1 日，习近平总书记在给国测一大队老队员老党员的回信中，首次提到“不忘初心，方得始终”。习近平总书记说：“全国广大共产党员要始终在党爱党、在党为党，心系人民、情系人民，忠诚一辈子，奉献一辈子，以自己的实际行动，团结带领亿万人民为实现‘两个一百年’奋斗目标、实现中华民族伟大复兴的中国梦而共同奋斗。”这里提出的“不忘初心”，主要是强调每一位共产党员都不能忘记入党的初衷，要时刻牢记入党为了什么、入党追求什么，始终把初心作为精神标识和根本遵循。

其次，“不忘初心”是针对党的理想信念而言的。2015 年 12 月 11

日，习近平总书记在全国党校工作会议上的讲话中指出，“我们干事业不能忘本忘祖、忘记初心”。习近平总书记指出，“我们共产党人的根本，就是对马克思主义的信仰，对共产主义和社会主义的信念，对党和人民的忠诚。立根固本，就是要坚定这份信仰、坚定这份信念、坚定这份忠诚”。这里提出的“不忘初心”，主要是强调中国共产党整体队伍要永远牢记“红船初心”，不能忘记信仰、忘记理想、忘记对人民的忠诚。

再次，“不忘初心”是针对党的奋斗历程而言的。在 2016 年“七一”重要讲话中，习近平总书记指出：“我们党已经走过了 95 年的历程，但我们要永远保持建党时中国共产党人的奋斗精神，永远保持对人民的赤子之心。一切向前走，都不能忘记走过的路；走得再远、走到再光辉的未来，也不能忘记走过的过去，不能忘记为什么出发。”这里提出的“不忘初心”，主要是强调中国共产党面对过去，要始终不忘党因何而建；面对现在，要始终不忘党因何而立；面对未来，要始终不忘党因何而兴。

在党的十九大报告中，习近平总书记用“不忘初心，牢记使命”开宗明义统领报告的主题。始终不变的初心和使命，是激励中国共产党人不断前进的根本动力。这里提出的“不忘初心”，主要是强调中国共产党要担当崇高使命，矢志永远奋斗。

提出“不忘初心”具有强烈的针对性

习近平总书记为什么多次提出“不忘初心”？这里面有深刻的政治考虑，是基于党所处的历史和时代的时空方位而提出来的，具有强烈的针对性。

首先，针对的是党成立时的出发点到底是什么。伟大的中国共产党以马克思主义为指导，以共产主义理想为激励，团结带领全国各族人民为实现中华民族伟大复兴而拼搏奋斗。先进的理论指导和崇高的理想信念在革命、建设和改革的各个历史时期，激励着共产党人浴血奋战、激情似火、开拓进取。强调“不忘初心”，就是要激励全党继续登高望远、居安思危，勇于变革、勇于创新，永不停滞、永不僵化。

其次，针对的是当今一些党员干部到底丧失了什么。改革开放以来，尽管中国共产党人总体上依然坚守信仰信念，但随着市场化、全球化日渐深入，世俗化、功利化也侵蚀了一些党员干部，使他们逐步丧失了理想信念，甘做金钱、权力和美色的俘虏。习近平总书记指出：“理想信念动摇是最危险的动摇，理想信念滑坡是最危险的滑坡。”强调“不忘初心”，就是要求广大党员不能忘记自己的“第一身份”，要坚守“精神家园”，炼就“金刚不坏之身”。

再次，针对的是实现中华民族伟大复兴到底需要我们党做什么。习近平总书记指出，要时刻准备应对重大挑战、抵御重大风险、克服重大阻力、解决重大矛盾。坚持和发展中国特色社会主义，坚持和巩固党的领导地位和执政地位，使我们的党、我们的国家、我们的人民永远立于不败之地。强调“不忘初心”，就是郑重提醒全党，要时刻牢记和重新理解“我是从哪里来的”“我是怎样走过来的”“我要到哪里去”，坚定“四个自信”，为继续前进奠定深厚的政治基础，汲取不竭的精神力量。

坚持“不忘初心”具有明确的实践要求

要求不忘“本质”。中国共产党的本质属性是人民性，全心全意为人民服务是我们党的根本宗旨。永远保持对人民的赤子之心，是共产党人永恒不变的一条主线。要坚信党的根基在人民、党的力量在人民，坚持一切为了人民、一切依靠人民，充分发挥广大人民群众积极性、主动性、创造性，不断把为人民造福事业推向前进。

要求不忘“祖宗”。全党要坚持马克思主义的指导地位，坚持把马克思主义基本原理同当代中国实际和时代特点紧密结合起来，继续推进马克思主义中国化、时代化、大众化，继续发展21世纪马克思主义、当代中国马克思主义，牢牢占据推动中国社会进步、实现民族伟大复兴的理论制高点。有了坚定的理想信念，才能自觉做共产主义远大理想和中国特色社会主义共同理想的坚定信仰者、忠实实践者，牢牢占据推动人类社会进步、实现人类美好理想的道义制高点。

要求不忘“出身”。中国共产党诞生于内忧外患、危机空前的时代背景之下，力量弱小，任务艰巨。这一特定背景，永远根植于中国共产党人的潜意识中。用鲜血、汗水、泪水，党带领人民走过了一条充满苦难和辉煌、曲折和胜利、付出和收获的道路。“生于忧患，死于安乐。”尽管今天的日子不那么苦了，但吃苦的内涵变了，对吃苦的要求更高了，艰苦奋斗的传统仍然要发扬下去。

要求不忘“基因”。中国共产党的红色基因是在长期的革命斗争中形成的，它深深熔铸在党的血脉中，成为不可磨灭的品质和品格。这个红色基因，要求每一位共产党人都必须追求远大理想和崇高目标，必须爱党爱国、矢志不渝；必须勇于拼搏、自强不息；必须无私奉献、无怨无悔。新的时代条件下，依然要坚定执着追理想、实事求是闯新路、艰苦奋斗攻难关、依靠群众求胜利，永远保持共产党人的先进性和纯洁性。

（《浙江日报》2017年11月23日第5版）

“不忘初心”的三重语境

“不忘初心”并非创始于中国共产党，它有着传统文化的根基。但习近平总书记对于“不忘初心”的创造性使用，使得“不忘初心”如同“实事求是”“摸着石头过河”一样，既富有传统智慧又富有政治特色。随着“不忘初心”的广泛使用，它已经从政治层面上升到理论层面，接通了马克思主义基本理论。

一、“不忘初心”的传统语境

“心”从广义上说等同于意识；从狭义上说“心”类似于“思考”“思索”，与“实践”或“行动”是对立的范畴。在汉语中，“初心”意指最初的愿望。

从词源上看，“不忘初心”一词，最早出自唐代白居易《画弥勒上生帧记》：“所以表不忘初心，而必果本愿也。”意思是说时时不忘记最初的发心，最终一定能实现其本来的愿望。佛家经典《华严经》中有“三世一切诸如来，靡不护念初发心”“如菩萨初心，不与后心俱”“进定根力等众乐，靡不皆由初发心”。后转化为通俗的说法就是：诸佛菩萨，因不忘初心，方得始终。意思是说只有坚守自己的本心和最初的信念，才能成就心愿，功德圆满。《孟子·离娄下》说：“大人者，不失其赤子之心者也。”大人就是德行高洁、人格伟大之人，他们像初生的婴儿一样，具有率真、淳朴之心。《道德经》亦云："含德之厚，比于赤子。"这里形容德行高尚的人，就像婴儿一样，不加伪饰，纯任自然。赤子之心后被引申为忠诚爱国、救民济世之心。又说："圣人无常心，以百姓心为心。""慎终如始，则无败事。"

随着"初心"这个说法的传播，在中国文化传统中，"不忘初心"具有了更广泛的意义，渐渐被表述为一种对精神的坚守和对理想的追求。元代王惟一在《西江月》有言："学道须当猛烈，始终确守初心，纤毫物欲不相侵。"苏轼在上奏给宋哲宗的《杭州召还乞郡状》中写道："臣若守其初心，始终不变，则群小侧目，必无安理。"

所以，初心是佛教、儒家、道家乃至其他一些思想文化元素碰撞、启发、融汇而形成的一个概念，成为中华优秀传统文化的有机组成部分，为中华民族精神的塑造发挥了独特的作用。不忘初心，越来越脱离其具体所指的内容，而更多指的是一种心智模式、思维方式。

二、"不忘初心"的政治语境

党的十八大以来，在中国共产党的话语体系中，围绕"不忘初心"已经形成了一个厚重的话语建构，赋予了多方面、深层次的内涵。

个体的维度："不忘初心"可以是针对党员个体而言的。比如，2015年7月1日，习近平总书记在给国测一大队老队员老党员的回信中，提到了"不忘初心，方得始终"。习近平总书记说："忠于党、忠于人民、无私奉献，是共产党人的优秀品质。党的事业，人民的事业，是靠千千万万党员的忠诚奉献而不断铸就的。不忘初心，方得始终。全国广大共产党员要始终在党爱党、在党为党，心系人民、情系人民，忠诚一辈子，奉献一辈子，以自己的实际行动，团结带领亿万人民为实现'两个一百年'奋斗目标、实现中华民族伟大复兴的中国梦而共同奋斗。"这里提出的"不忘初心”，主要是强调每一位共产党员都不能忘记入党的初衷，要时刻牢记入党为了什么、入党追求什么。

信仰的维度：“不忘初心”可以是针对党的理想信念而言的。比如，2015 年 12 月 11 日，习近平总书记在全国党校工作会议上的重要讲话中指出：“我们干事业不能忘本忘祖、忘记初心。”习近平总书记指出：“我们共产党人的本，就是对马克思主义的信仰，对中国特色社会主义和共产主义的信念，对党和人民的忠诚。我们要固的本，就是坚定这份信仰、坚定这份信念、坚定这份忠诚。”这里提出的“不忘初心”，主要是强调中国共产党不能丢掉信仰、丢弃理想、丢失对人民的忠诚。

历史的维度：“不忘初心”可以是针对党的奋斗历程而言的。比如，2014 年 10 月 31 日，习近平主席在出席古田全军政治工作会议时指出：“在古田会议召开 85 周年之际，我们来到这里，目的是寻根溯源，深入思考我们当初是从哪里出发的、为什么出发的。”在 2016 年“七一”重要讲话中，习近平总书记指出：“一切向前走，都不能忘记走过的路；走得再远、走到再光辉的未来，也不能忘记走过的过去，不能忘记为什么出发。”这里的“不忘初心”，主要是强调为什么出发，是怎样走过来的。

功能的维度：“不忘初心”可以是针对党赋予的功能定位而言的。比如，2018 年 4 月 13 日，习近平总书记在庆祝海南建省办经济特区 30 周年大会上的讲话中指出，新形势、新任务、新挑战，赋予经济特区新的历史使命，经济特区要不忘初心、牢记使命，在伟大斗争、伟大工程、伟大事业、伟大梦想中寻找新的方位，把握好新的战略定位。

愿景的维度：“不忘初心”可以是针对党所承载的责任使命而言的。比如，2012 年 11 月 15 日，习近平总书记在十八届中央政治局常委与中外记者见面会上发表讲话时说，人民对美好生活的向往，就是我们的奋斗目标。在党的十九大报告中，习近平总书记郑重指出，为中国人民谋幸福、为中华民族谋复兴的初心使命，是激励中国共产党人不断前进的根本动力。这里的“不忘初心”，主要是提醒全党要永远保持对人民的赤子之心，永远把人民的利益放在首要位置，努力实现中华民族伟大复兴，为人民创造更美好、更幸福的生活。习近平总书记指出，要始终保持共产党人的政治本色。共产党人没有自己的私人利益，追求的是共产主义远大理想和中国特色社会主义共同理想，追求的是中华民族伟大复兴。不能走着走着就变了味，要不忘初心、继续前进。

综合的维度：“不忘初心”可以综合性指称以上各种内涵。比如，党的十九大结束后仅一周，习近平总书记带领其他中共中央政治局常委专程从北京前往上海和浙江嘉兴，瞻仰上海中共一大会址和浙江嘉兴南湖红船，宣示新一届党中央领导集体的坚定政治信念。习近平总书记在讲话中指出：事业发展永无止境，共产党人的初心永远不能改变。唯有不忘初心，方可告慰历史、告慰先辈，方可赢得民心、赢得时代，方可善作善成、一往无前。2019 年 5 月习近平总书记在江西考察时谈道：“我来这里也是想让全国人民都知道，中国共产党不忘初心，全中国人民也要不忘初心，不忘我们的革命宗旨、革命理想，不忘我们的革命前辈、革命先烈，不要忘了我们苏区的父老乡亲们。”“共产党就是为人民群众谋幸福的，党中央想的就是千方百计让老百姓过上好日子。”

三、“不忘初心”的理论语境

习近平总书记指出，共产党人坚持的初心，就是对共产主义理想的坚定信仰，就是对党和人民事业的永远忠诚。中国共产党人的初心，其理论渊源来自作为忠实而坚定的马克思主义者的初心。

习近平总书记在纪念马克思诞辰 200 周年大会上的讲话中指出，马克思主义“这一理论犹如壮丽的日出，照亮了人类探索历史规律和寻求自身解放的道路”。作为马克思主义忠诚的信奉者与践行者，中国共产党人追求共产主义的崇高理想矢志不渝，对资本主义的制度批判一以贯之，对中国特色社会主义的远大前程充满自信，这就是作为马克思主义者的初心。

马克思主义理论为初心提供了什么样的理论内涵？从根本上说，马克思主义是关于人的学说，是为人类谋幸福、实现人类解放的学说。马克思主义认为，人的本质在其现实性上“是一切社会关系的总和”，共同体则是人类生存和发展的最基本方式。资本主义生产方式必然导致人的异化，从而产生“虚幻的共同体”；无产阶级和共产党人的根本历史使命，就是要构建作为人的本质的“真正的共同体”——“只有在共同体中，个人才能获得全面发展其才能的手段，也就是说，只有在共同体中才可能有个人自由”。这个“真正的共同体”，就是共产主义社会。

共产主义作为人类一种未来的社会形态，是马克思为实现人类解放而设定的崇高理想。从创立之初，马克思主义者就把“实现共产主义”作为自己的初心，为全世界无产阶级的解放和全人类的解放指明了正确的道路。马克思恩格斯在许多经典文本中曾对共产主义社会发展的方向、原则和基本特征作出了详细论述。《共产党宣言》更是以洞明的语言，深刻阐述了共产主义与人的解放之间具有的相同的质的规定性，“代替那存在着阶级和阶级对立的资产阶级旧社会的，将是这样一个联合体，在那里，每个人的自由发展是一切人的自由发展的条件”。马克思主义探讨未来社会、研究社会发展，始终是同寻求人的解放紧密联系在一起的。社会的发展最终就是为了实现人的发展，整个世界历史也是为“人作为人”做准备的历史。离开这个目标，所有发展会失去价值和意义。实现人的自由而全面的发展，是马克思主义追求的根本价值目标，也是共产主义社会的根本特征。

只有在共产主义社会中，人民才会获得真正的自由和解放，自由地发挥和发展他们的全部才能和力量，人才能真正成为自己的主人、社会的主人、人类社会发展的主人，马克思主义者的初心才能最终实现。由这个理想出发，以人民为中心的理念，为人民谋幸福的初心，体现着中国共产党人的追求，蕴藏着马克思主义的根脉。中国共产党人在革命、建设和改革的历史进程中，始终坚持全心全意为人民服务的根本宗旨，始终把人民对美好生活的向往作为奋斗目标，始终把依靠人民和为了人民统一起来，书写了坚守初心的精彩华章。

一个值得深思的问题是：如果中国共产党忘掉了初心，忘掉了使命，就会丧失当年夺取政权时期和执政初期的那种蓬勃朝气、昂扬锐气、浩然正气，长期执政就会成为一个十分让人焦虑的问题。所以，中国共产党在接近百岁生日之际开展“不忘初心、牢记使命”主题教育，本身就是一种郑重的政治宣示，即：不忘初心，再出发；牢记使命，勇担当。习近平总书记谆谆告诫：“不忘初心，牢记使命，就不要忘记我们是共产党人，我们是革命者，不要丧失了革命精神。”“不忘初心、牢记使命”主题教育是克服“初老症”的一剂良药。党因何而建、因何而立、因何而兴、向何而进等基本问题，都可以从“不忘初心、牢记使命”主题教育中获得深刻教益。这正如恩格斯所说：“一个知道自己的目的，也知道怎样达到这个目的的政党，一个真正想达到这个目的并且具有达到这个目的所必不可缺的顽强精神的政党——这样的政党将是不可战胜的。”

（《宁波日报》2019 年 6 月 13 日第 8 版）

紧扣民心这个最大的政治

习近平总书记在第十九届中央政治局第六次集体学习时指出，加强党的政治建设，要紧扣民心这个最大的政治，把赢得民心民意、汇集民智民力作为重要着力点。“紧扣民心这个最大的政治”的要求，体现出我们党来自人民、植根人民、服务人民的本质，彰显了党的根基在人民、血脉在人民、力量在人民的特征。无论过去、现在和将来，以人民为本、密切联系群众都是我们党从胜利走向胜利的最大政治优势，“赢得民心民意、汇集民智民力”都是我们党治国理政的永恒课题。

“意莫高于爱民，行莫厚于乐民。”紧扣民心这个最大的政治，就要始终把人民的期盼变成党的奋斗目标。坚持一切为了人民，带领人民不断创造美好生活，把人民对美好生活的向往作为奋斗目标，反映了中国共产党人的根本政治立场和根本宗旨，也是新时代中国特色社会主义的根本追求。在新时代有效赢得民心，最根本的就是要顺应人民群众的愿望要求，急人民之所急、想人民之所想，与人民同呼吸、共命运，手挽手、心连心。经过改革开放以来的发展，我国社会生产力水平明显提高，人民对美好生活的向往也更加强烈。人民群众期盼有更好的教育、更稳定的工作、更满意的收入、更可靠的社会保障、更高水平的医疗卫生服务、更舒适的居住条件、更优美的环境、更丰富的精神文化生活。习近平总书记指出：“人民对美好生活的向往，就是我们的奋斗目标。”为人民谋幸福是共产党人的初心。我们任何时候都不能忘掉这个初心。新时代我国社会的主要矛盾已经转化为人民日益增长的美好生活需要和不平衡不充分的发展之间的矛盾。顺应人民对美好生活的向往，就要紧紧抓住并着力解决好这个主要矛盾，从人民群众最关心、最直接、最现实的利益权益问题入手，真心实意为群众谋利益，扎扎实实为群众办实事、办好事，使人民获得感、幸福感、安全感更加充实、更有保障、更可持续。

“因民之利而导之，顺民之意而能之。”紧扣民心这个最大的政治，就要坚持不懈地解决人民厌恶与痛恨的问题。无论是传统政治理论的学说，还是马克思主义的教导，包括一些国家的前车之鉴，都反复提醒我们，人民所厌恶与痛恨的问题，必须下决心解决，否则后果难以想象。人民群众最痛恨腐败，腐败问题对我们党的伤害最大，严惩腐败分子是党心民心所向，我们必须以零容忍态度，坚决彻底铲除这个寄生在党的肌体上的毒瘤。人民群众最厌恶“四风”，作风问题关系党的形象，关系人心向背，关系党的生死存亡，我们对形式主义、官僚主义、享乐主义和奢靡之风等各种人民群众深恶痛绝的不良作风必须一抓到底，决不能松口气、决不能留死角。为政清廉才能取信于民，秉公用权才能赢得人心。我们要大力营造风清气正的政治生态，大力清除一切侵蚀党的健康肌体的病毒，以自我革命的精神，勇于“刮骨疗毒”“壮士断腕”，使我们党永远赢得人民群众的信任和拥护。

“民之所好好之，民之所恶恶之。”紧扣民心这个最大的政治，就要以人民的评判作为改进工作的标准。时代是出卷人，我们是答卷人，人民是阅卷人。我们党一切工作的成败得失必然要由人民来检验，以人民拥护不拥护、赞成不赞成、高兴不高兴、答应不答应作为最高标准，把党的群众观点、群众路线植根于思想中，落实到行动上，体现在标准里。群众拥护什么就鼓励什么，群众期盼什么就做好什么，群众反对什么就纠正什么。只有倾听百姓的心声，以群众是否满意为标准，才能真正检验出我们工作做得对不对，思考问题全不全，落实到位不到位；才能切实增强服务意识、改进服务作风、提高服务能力。要充分尊重群众享有的知情权、参与权、表达权、监督权，真心实意地请群众提出问题，让群众参与监督，由群众评议效果，群策群力把工作做实、好事办好。

“理国要道，在于公平正直。”紧扣民心这个最大的政治，就要切实贯彻公平正义这个中国特色社会主义的内在要求。从最广大人民根本利益出发，实现公平正义是我们党的一贯主张。改革开放以来，我国经济社会发展取得巨大成就，但与此同时，在现有发展水平上，社会上还存在一些有违公平正义的现象。随着人民群众公平意识、民主意识、权利意识不断增强，对社会不公问题反映越来越强烈。如果不抓紧解决，不仅会影响人民群众对改革发展的信心，也会影响社会和谐稳定。我国社会历来有“不患寡而患不均”的观念，人民群众最渴望公平正义，不仅希望做大“蛋糕”，而且希望分好“蛋糕”。我们一定要从人民群众的愿望出发，在不断发展的基础上，努力把促进公平正义的事情做好。要通过创新制度安排，努力克服人为因素造成的有违公平正义的现象，保证人民平等参与、平等发展的权利，让每个人都获得发展自我和奉献社会的机会，共同享有人生出彩的机会，共同享有梦想成真的机会，实现社会主义共同富裕。要把促进社会公平正义、增进人民福祉作为一面镜子，审视各方面体制机制和政策规定，“堵漏洞”“补短板”“固底板”，让人民群众充分感受到公平正义的阳光。

“知屋漏者在宇下，知政失者在草野。”紧扣民心这个最大的政治，就要把党联系群众的基本渠道铺好用好。群众不光有力量，还有智慧。习近平总书记说：“在人民面前，我们永远是小学生，必须自觉拜人民为师，向能者求教，向智者问策。”治国理政，只有亲身征询于田野，虚心问计于百姓，才能把握群众所思所想所盼，凝聚民心民智民力，开创改革发展新局，决不能脱离群众、高高在上、自以为是、弄虚作假，与人民离心离德。党的群众路线的一个光荣传统，就是坚持深入群众，从群众中汲取治国理政的经验和智慧；党的群众工作的一个宝贵经验，就是坚持群众参与，让群众在参与中贡献经验智慧、提高获得感。互联网以其平等、开放和包容的特点，使得群众获得了前所未有的表达愿望要求、利益诉求的便利条件，党员干部应当抓住用好这个渠道。要坚持在网上“问政于民”“问计于民”“问需于民”，体察民情民意，获取资讯信息，纠正错误失误，用互联网这个“最大变量”寻找社情民意的“最大公约数”，以更好地改善和优化自身工作。要增强在联系群众上的积极性主动性创造性，对人民群众的一些误解和模糊认识积极加以引导、及时做好解疑释惑工作，把道理讲明白，把政策说清楚，赢得群众的理解和支持。“上下同欲者胜，风雨同舟者兴。”从群众中汲取智慧和力量，始终与人民想在一起、干在一起、凝聚在一起，就能够得到群众最大程度的理解、认同、拥护，就能使我们党强基固本、永葆长盛不衰的青春活力。

（《求是》2018 年第 18 期）

切实坚持人民至上生命至上

习近平总书记在2020年两会期间参加内蒙古代表团审议时强调，党团结带领人民进行革命、建设、改革，根本目的就是让人民过上好日子，无论面临多大挑战和压力，无论付出多大牺牲和代价，这一点都始终不渝、毫不动摇；习近平总书记还强调，人民至上、生命至上，保护人民生命安全和身体健康可以不惜一切代价。这些重要论述充分彰显了中国共产党没有自己的特殊利益，是只为人民利益而奋斗的政党，彰显了习近平总书记深厚的人民情怀。在人民的诸多利益中，生命安全是人民最基本的权利，身体健康是人民幸福最基础的保障。坚持人民至上，必须做到生命至上；坚持生命至上，才能真正做到人民至上。为中国人民谋幸福是中国共产党的初心和使命，坚持人民至上、生命至上，是中国共产党的内在价值取向，是习近平新时代中国特色社会主义思想的重要组成部分。

一、在革命、建设和改革历程中，中国共产党一以贯之地尊重人民主体地位并关爱人民生命健康

马克思主义政党追求全人类解放和人的自由全面发展，强调“无产阶级的运动是绝大多数人的，为绝大多数人谋利益的独立的运动”。中国共产党是用马克思主义武装起来的政党，自成立之日起就矢志不渝地坚持人民至上，尊重人民主体地位并关爱人民生命健康。

在革命时期，党团结带领人民开展武装斗争，推翻三座大山，求得人民翻身解放，让人民彻底摆脱经济上受剥削、政治上受压迫、精神上受愚弄的悲惨地位。是斗争就会有牺牲，但党尽力减少人民牺牲，努力保护人民生命安全，无数共产党人为此毅然付出了生命。为保障人民身体健康，在物质条件极为艰苦的条件下，我们党先后在井冈山根据地开展群众卫生防疫运动，在瑞金根据地创立疫病、疫情报告制度，普及卫生防疫知识，在陕甘宁边区开展以灭蝇、灭鼠，防止鼠疫、霍乱为中心的军民卫生运动等，显著提高了人民健康水平。

在建设时期，党团结带领人民艰苦奋斗，建设新中国，通过完成社会主义改造、建立社会主义制度，充分保障人民当家作主的政治地位，保障人民依法享有广泛的民主权利。为保障人民生命安全，面对侵略战争威胁，开展“三线建设”，发动群众建设人防工程；面对自然灾害，如唐山大地震，坚持第一时间抢救人员，及时开展灾后重建。为保护人民身体健康，我们党领导建设包括一支 100 多万赤脚医生队伍，广泛覆盖县乡村三级的医疗体系。针对天花、鼠疫、血吸虫病等传染病严重威胁人民生命和健康的问题，领导进行“消灭血吸虫病”运动，开展以除“四害”为中心的爱国卫生运动，并将发展体育运动作为国家战略等，彻底改变了旧中国疫病横行、人民体质普遍羸弱的面貌，摘掉了“东亚病夫”的屈辱帽子。

在改革开放新时期，党团结带领人民推进改革开放事业，努力破除体制机制弊端，不断激发社会创造活力，不断满足人民日益增长的物质文化需要，不断书写脱贫致富奔小康的历史新篇章。党和国家始终坚持人民群众生命至上，在灾难面前，如 1998 年洪灾、2008 年汶川地震等，最大限度抢救和保护生命，不断加强防灾减灾体系建设，提升防灾减灾救灾能力；在重大疾病和疫情面前，如非典、禽流感等，高度重视预防和救治，推进多轮次医药卫生体制改革，逐步建设基本覆盖全民的基本医疗保障网；在重大安全生产事故、重大环境污染事故、重大食品安全事故、重大社会治安事件面前，始终强调把救人放在第一位，不断完善应急处置制度建设。人民健康水平得到大幅提升，我国人均预期寿命、孕产妇死亡率、婴儿死亡率等主要健康指标都居于发展中国家前列，被世界卫生组织誉为“发展中国家的典范”。

二、党的十八大以来中国共产党始终坚持人民至上生命至上

“时代是出卷人，我们是答卷人，人民是阅卷人。”时代之卷常新，而为人民答卷、由人民阅卷的坚持没有变。党的十八大以来，中国共产党坚持人民至上、生命至上，坚持以人民为中心的发展思想，把人民群众生命安全和身体健康作为治国理政的一项重大任务，始终与人民想在一起、干在一起。

充分阐述人民至上、生命至上的思想观念。党的十八大以来，习近平总书记以对人民担当的高度自觉、对人民负责的深厚情怀，提出一系列新理念新思想新观点。如关于人民地位，提出“老百姓是天，老百姓是地”“干部要把人民放在心中最高位置”等；关于为了人民，提出“我将无我，不负人民”“我们追求的发展是造福人民的发展，我们追求的富裕是全体人民共同富裕”等；关于依靠人民，提出“同人民风雨同舟、血脉相通、生死与共，是我们党战胜一切困难和风险的根本保证”“中国梦归根到底是人民的梦，必须紧紧依靠人民来实现，必须不断为人民造福”等。面对突如其来的新冠疫情，习近平总书记积极推进实践基础上的理论创新，提出“始终把人民群众生命安全和身体健康放在第一位”“保护人民生命安全和身体健康可以不惜一切代价”“做好统筹疫情防控和经济社会发展工作，要紧紧依靠人民”“战胜这次疫情，给我们力量和信心的是中国人民”等一系列新论述，深化了对人民至上、生命至上的认识，丰富

了以人民为中心的发展思想。

领导出台一系列落实人民至上、生命至上的重大举措。党的十八大以来，在习近平总书记的领导下，我们党出台一系列落实人民至上、生命至上的政策、制度和法律。无论是99处提到“人民”的十九届四中全会《决定》，203次出现“人民”的十九大报告等党的重要文件，还是强调宏观政策要稳、微观政策要活、社会政策要托底的国家政策，无不充满对增进人民福祉的执着追求；无论是健全为人民执政各项制度，还是健全靠人民执政各项制度，都表达了对人民主体地位的充分尊重。面对新冠疫情对人民生命安全和身体健康的威胁，及时制定出台一系列以生命为重的救治政策，以健康为重的防控政策，不断补短板、强弱项，完善公共卫生制度体系，加快通过《关于全面禁止非法野生动物交易、革除滥食野生动物陋习、切实保障人民群众生命健康安全的决定》，启动修改《野生动物保护法》，发布《关于深化医疗保障制度改革的意见》，确保医疗机构先救治、后收费，这些都体现了对人民群众生命安全和身体健康的高度重视。

大力践行人民至上、生命至上取得重大成就。党的十八大以来，在以习近平同志为核心的党中央坚强领导下，人民主体地位得到进一步巩固，人民生活水平进一步提高，人民生命安全和身体健康得到更切实的保障。

一个政党和一个政党的领袖，对待贫困群众等弱势群体的态度和作为最能衡量其价值理念成色，也最能检验其执政成效。党的十八大以来，以习近平同志为核心的党中央把脱贫攻坚放在重要位置，作为全面建成小康社会的底线任务和标志性指标，坚持精准扶贫、精准脱贫。7年减贫9300多万人，减幅达到94.4%，贫困发生率从10.2%降至0.6%。目前尚有52个县未摘帽，区域性整体贫困基本得到解决。小康不小康，关键看老乡。全国建档立卡贫困户人均纯收入由2015年的3416元增加到2019年的9808元，832个贫困县农民人均可支配收入从2013年的6079元增加到

2019 年的 11567 元，贫困群众“两不愁”质量水平明显提升，“三保障”突出问题总体解决。

抗击新冠疫情是一场前所未有的大考。在以习近平同志为核心的党中央坚强领导下，我国只用 1 个多月就初步遏制疫情蔓延势头，用 3 个月左右时间取得全国疫情防控重大战略成果。党和国家始终坚持人民至上、生命至上，全力拯救每一位病患，只要有一线希望，就付出百分百努力。从初生婴儿到百岁老人，无差别、不计代价抢救每一位患者的生命，费用全部由国家兜底。湖北一位 87 岁老人，由一个治疗专班治疗长达 47 天，最终治愈。据统计，仅湖北就有 3600 多名 80 岁以上的新冠患者被治愈，其中包括 7 名百岁以上老人，全国累计治愈超 8 万人，这些无不体现了我们党和习近平总书记对人民和生命的深情与担当。

三、按照习近平总书记人民至上生命至上的要求不断推进各项工作

当前，世界正经历百年未有之大变局，全球疫情和外部形势环境仍然严峻复杂。面向未来，在世界人口最多的国家建成社会主义现代化强国，实现中华民族伟大复兴，是一项前无古人的伟大事业，前路必然充满着前所未有的风险挑战。在这种形势下，只有进一步认真贯彻落实习近平总书记关于人民至上、生命至上的重要论述，才能凝聚起人民伟力，战胜一切艰难险阻，创造出历史伟业。

在建设社会主义现代化强国征程中，要通过巩固脱贫攻坚成果和提升全面小康社会水平，进一步践行人民至上、生命至上。民生是人民至上、生命至上的基础，我国能够经受住这场疫情考验，一个十分重要的原因就是新中国成立 70 多年特别是改革开放 40 多年来不断厚植的民生基础。全面建成小康社会是中国跨世纪、里程碑式的超级民生工程，承载着党对人民共同富裕的孜孜追求。面向未来，要按照习近平总书记的要求，在打赢

脱贫攻坚收官之战基础上，加快建立防止返贫监测和帮扶机制，多措并举巩固脱贫成果，使脱贫攻坚真正经得起历史和人民的检验；要继续聚焦人民群众关切，把更多人力、物力、财力用到保障和改善民生上，持续大力推进教育、就业、收入、社保、医疗、养老、居住、环境等一系列普惠性、基础性、兜底性民生建设，努力建设更高水平、更高层次的全面小康社会，让人民群众享有更多、更高质量的发展成果。

在建设社会主义现代化强国征程中，要通过推进全面深化改革，推进国家治理体系和治理能力现代化，进一步践行人民至上、生命至上。全面深化改革就是要破除一切束缚生产力发展的体制机制障碍，使上层建筑更加适应经济基础的变化。制度具有稳定性和长期性，能够管根本、管长远。要按照习近平总书记的要求，用制度把人民至上、生命至上的思想进一步落到实处。一方面要发挥制度和治理优势，通过全面深化改革，进一步发挥党集中统一领导的政治优势和社会主义集中力量办大事的制度优势，解决一系列关系国计民生的大事、难事；另一方面也要进一步发展完善其他制度，特别要补齐公共卫生领域的制度和治理短板。新冠疫情暴露出我国在重大疫情防控体制机制、公共卫生体系等方面仍存在一些问题，要着眼长远发展，加快补齐疫情监测预警、防控救治、资源调配、防治核心技术攻关等方面的制度治理短板和弱项，为保障人民生命安全和身体健康筑牢制度防线，提高公共卫生治理体系和治理能力现代化水平。

在建设社会主义现代化强国征程中，要通过推进全面依法治国，切实保障人民主体地位和各项权益，进一步践行人民至上、生命至上。习近平总书记指出：“人类社会发展的事实证明，依法治理是最可靠、最稳定的治理。”要坚持党的领导、人民当家作主和依法治国有机统一，坚持法治国家、法治政府、法治社会一体建设，切实保障人民参与管理国家事务、管理经济和文化事业、管理社会事务的权利；要坚持全面推进科学立法、严格执法、公正司法、全民守法，努力让人民群众在每一个司法案件中感受到公平正义；要坚持完善和发展以宪法为核心的中国特色社会主义法律体系，为包括生命权、健康权、发展权等在内的人民各项权益提供最基本最稳定最可靠的保障。

在建设社会主义现代化强国征程中，要通过推进全面从严治党，把党建设得更加坚强有力，进一步践行人民至上、生命至上。中国共产党是人民的政党，人民至上、生命至上已融入党的基因，深入党的灵魂。要按照习近平总书记的要求，推进全面从严治党，不断加强党的全面领导，增强“四个意识”、坚定“四个自信”、做到“两个维护”，为坚持人民至上、生命至上把握方向、管好大局、保障落实；要不断提升党的长期执政能力，以解决人民群众最关心、最直接、最现实的利益问题为重点，不断提高人民群众的获得感、幸福感、安全感，为坚持人民至上、生命至上提供可靠保障；要不断加强党的建设，让守初心、担使命成为全体党员干部的终身课题，持续整治“四风”、特权现象，为坚持人民至上、生命至上正本清源、去芜存菁。

（《党建》2020 年第 7 期）

国之大者在为民

习近平总书记强调："要自觉讲政治，对国之大者要心中有数，关注党中央在关心什么、强调什么，深刻领会什么是党和国家最重要的利益、什么是最需要坚定维护的立场。"党员干部要"对国之大者要心中有数"。党中央围绕应对世情国情党情而提出的思想主张、确立的重大战略、完善的重大制度、推进的重大工作，都是国之大者。国之大者，经邦济世，但归根结底都是为民。无论是应对国际变局、推进民族复兴，还是建设强大政党，从根本上讲都是为了实现好、维护好、发展好最广大人民的根本利益。

有效应对百年未有之大变局

当今世界正经历百年未有之大变局。一方面变局中有新机，市场经济国家和发展中国家快速发展，世界力量格局发生深刻变化，多极化趋势加速发展。以信息技术为代表的新一轮科技革命和产业转型升级催生大量新业态新模式，给世界发展注入新血液、新动能。另一方面变局中有危机，肆虐全球的新冠疫情与国际政治格局变迁、世界治理规则变革叠加影响，加剧全球化退潮和国家间信任危机。单边主义、孤立主义和贸易保护主义抬头，地缘政治冲突、军备竞赛等传统安全与疫情防控、难民危机、气候变化等非传统安全威胁相互交织，人类发展正面临历史性抉择的考验。

面对大变局带来的不稳定性不确定性，以习近平同志为核心的党中央观大势、谋大局、抓大事，明确和平与发展仍然是时代主题，我国发展仍处于重要战略机遇期。要保持战略定力，坚持走和平发展道路，坚持改革开放，努力在危机中育新机，于变局中开新局，做好自己的事，不断发展壮大自己。同时，明确治理赤字、信任赤字、和平赤字、发展赤字是全人类面临的共同挑战，要从根本上找出世界乱象的“病根”。在深刻回答“世界怎么了”的基础上，提出“我们怎么办”的中国方案，一方面进行具有许多新的历史特点的伟大斗争，坚定维护自身和各国发展权益，维护以联合国宪章为核心规则的国际秩序，捍卫全球自由贸易和多边体制；另一方面积极促进“一带一路”国际合作，推进亚投行建设，努力构建人类命运共同体，为全球治理体系改革和建设不断贡献中国智慧和力量。

民惟邦本，邦治邦交，皆为利民。中国积极应对百年未有之大变局，坚持做世界和平的建设者、全球发展的贡献者、国际秩序的维护者，从根本上说，都是为了人民。备豫不虞，为国常道。面对国际大变局，消极逃避只能被淘汰，主动出击才有出路。对中国而言，只有有效应对这场大变局，才能防范和化解国际上的各种风险，才能争取到相对和平的国际环境，才能抓住机遇加快发展自己，才能在激烈的国际竞争中赢得主动、赢得未来，才能在顺应时代潮流中自立于世界民族之林，才能为人类追求和平与发展的崇高事业、构建人类命运共同体作出更大贡献。在这个过程中，争取和平环境是为实现人民利益提供保障，强化国家安全是为维护人民利益筑牢基石，构建强大国际竞争力是为发展人民利益加固支撑。

逐步实现中华民族伟大复兴

中国是世界文明古国，历史上数度出现强国盛世辉煌。近代以来，失去强大国家护佑的中国人民，遭受了无尽的屈辱和苦难。从那时起，实现国家富强、民族复兴成为几代中国人梦寐以求的目标。然而，由谁来领导，走什么样的道路来实现目标，是一个严肃的历史课题。从以洋务运动为代表的自强、求富探索，到以戊戌变法为代表的改良运动，再到以辛亥革命为代表的资产阶级革命，均以失败而告终。直到中国共产党诞生，中国社会革命的面貌才焕然一新；直到中华人民共和国成立，中国人民才真正站起来；直到改革开放和开辟中国特色社会主义道路，中华民族才迎来从站起来、富起来到强起来的伟大飞跃。百年求索，苦难辉煌。历史和人民最终选择了中国共产党，选择了中国特色社会主义道路。

大道之行，天下为公。坚持中国特色社会主义道路，是实现中华民族伟大复兴的人间正道。党的十八大以来，以习近平同志为核心的党中央提出实现中华民族伟大复兴中国梦目标，并团结带领人民在中国特色社会主义道路上勠力奋斗、砥砺前行，前所未有地接近实现这一梦想，前所未有地更有信心和能力实现这一梦想。实现民族复兴梦意味着建成富强民主文明和谐美丽现代化强国；意味着中国的综合国力、国际地位、对世界文明和发展的贡献都大大提升；意味着人民拥有更广泛更充分的民主权利，人民美好生活需要得到更充分满足，人民安全感幸福感获得感更加充实更有保障。

“治国有常，利民为本。”在中国特色社会主义道路上推进民族复兴过程中，统筹推进“五位一体”总体布局，是国之大者，归根结底是为满足人民利益而创造物质基础、政治保障、精神动力、社会氛围和生态条件。协调推进“四个全面”战略布局，是国之大者，归根结底是为实现人民利益奠定经济社会发展基础，为实现人民利益破除体制机制弊端，为实现人民利益强化法治保障，为实现人民利益提供坚强政治领导力量。打好防范化解重大风险、精准脱贫、污染防治三大攻坚战，是国之大者，归根结底是为实现人民利益提供安全屏障、兜底支撑和生态优美产品。统筹推进疫情防控与经济社会发展，是国之大者，是对人民至上、生命至上根本原则的真正践行。“经国序民，正其制度。”坚持和完善中国特色社会主义制度、推进国家治理体系和治理能力现代化，把制度优势更好转化为国家治理效能，更是国之大者，是为人民各项权益提供可靠稳定的保障，为实现强国梦、民族复兴梦提供有力保证。

努力建设世界最强大政党

习近平总书记指出：“历史已经并将继续证明，没有中国共产党的领导，民族复兴必然是空想。我们党要始终成为时代先锋、民族脊梁，始终成为马克思主义执政党，自身必须始终过硬。”中国共产党是矢志不渝为人民谋幸福、为民族谋复兴的政党，立党为公、执政为民从来不是为过硬而过硬，不是为强党而强党，而是为人民而过硬、而强党。

在革命时期，为争取民族独立、人民解放，我们党在斗争中坚持真理、修正错误，不断加强自身建设，努力建设“一个有纪律的、思想上纯洁、组织上纯洁的党，合乎统一的标准的党”。党为人民而斗争、建设，人民才会衷心拥护党、支持党的事业，才会有最后一口粮做军粮、最后一块布做军装、最后一个儿子送战场的悲壮场景，才会出现百万民工支前的壮阔景象。在建设时期，为了巩固革命胜利成果、满足人民群众日益增长的物质文化需求，我们党在建设社会主义过程中，不断探索自身建设方式，努力建设“用马克思列宁主义武装起来的、最革命的、战斗的无产阶级政党”。在改革开放新时期，为了带领人民脱贫致富奔小康，在对外开放和发展市场经济条件下，我们党坚持党要管党和从严治党，围绕党的基本路线，努力建设“有战斗力的马克思主义政党”。

党的十八大以来，中国进入由大变强的关键期，进入强国进程新阶段。强国必先强党，习近平总书记强调：“我们党要搞好自身建设，真正成为世界上最强大的一个政党。”治党务必从严，全面从严治党已经成为新时代党搞好自身建设最鲜明的主题和特征。在总体上，通过全面从严治党把党建设得更加坚强有力，为有效应对百年未有之大变局、进行具有许多新的历史特点的伟大斗争、推进中国特色社会主义伟大事业、实现中华民族伟大复兴中国梦提供强大政治领导力量。

具体来说，通过全面从严治党，加强政治建设，增强“四个意识”、坚定“四个自信”、做到“两个维护”，为实现、维护和发展最广大人民的根本利益提供坚强政治保障；加强思想建设，应对复杂多变的思想舆论和意识形态环境，为人民提供精神动力、思想保证和道德规范；加强组织建设，建设坚强组织体系，打造忠诚干净担当的党员干部队伍，为切实解决人民群众最直接最现实的利益问题提供组织保障；加强作风建设，驰而不息整治“四风”问题，坚决反对特权思想和特权现象，保持党同人民群众的血肉联系，不断厚植党执政的群众基础；加强纪律建设，建立健全党内法规制度体系，为党员干部服务人民群众提供规范遵循；加强制度建设，推进守初心、担使命制度化，深化全心全意为人民服务的长效机制；深入推进反腐败斗争，对腐败采取零容忍态度，坚持“打虎”“拍蝇”“猎狐”，着力构建一体推进不敢腐、不能腐、不想腐体制机制，为维护实现发展人民利益而铲除毒瘤。

人民是天，人民是地。国之大者不过天地，中国共产党是一个具有人民属性、人民基因、人民本色的政党，在革命、建设和改革历程中，无论何时的国之大者，无论何类的国之大者，党都心存人民，让国之大者万流归宗为了人民。这是中国共产党一路走来的历史实践，也是走向未来的不变承诺。

（《北京日报》2020 年 7 月 20 日第 13 版）

从庄严承诺到卓越践行

全面建成小康社会，作为中国共产党向全国人民作出的庄严承诺，集中体现了党为人民谋幸福、为民族谋复兴的初心和使命。进一步来说，全面建成小康社会，既是在党的领导下充分满足人民群众物质文化需要和美好生活需要的历史过程，又是在党的领导下实现全体人民共同富裕、促进人的全面发展、彰显社会主义本质特征和制度优势的历史过程。从 20 世纪 70 年代末提出建设小康社会的目标以来，特别是党的十八大提出全面建成小康社会以来，全面建成小康社会的历史进程顺利推进，全面建成小康社会的庄严承诺正在得到实实在在的兑现，由此使党的崇高威望和光辉形象更加牢固，使全国人民跟党走的决心和信心更加坚定。

党向人民作出庄严承诺

中国共产党因初心使命而生，也因初心使命而兴。为人民谋幸福是我们党自成立以来就坚守的炙热初心和光荣使命。如果说革命时期党致力于领导人民翻身得解放，建设时期立足于让人民当家做主，那么改革开放以来则是在之前基础上通过提出小康社会的奋斗目标，在开创社会主义现代化建设的新局面中践行初心使命。

从建设到建成。改革开放之初，邓小平同志首先用“小康”来诠释中国式现代化，明确提出到二十世纪末“在中国建立一个小康社会”的奋斗目标。经过全党全国各族人民的艰苦奋斗，我国于1997年提前3年实现了人均国民生产总值比1980年翻两番的奋斗目标。2002年，党的十六大将“全面建设小康社会”写在了我们的党旗上，提出到“本世纪头二十年全面建设惠及十几亿人口的更高水平的小康社会”的奋斗目标。2012年，党的十八大对实现小康社会的奋斗目标作出了全新部署，明确提出到2020年实现“全面建成小康社会”的目标任务。从“全面建设小康社会”到“全面建成小康社会”仅一字之差，一方面反映了全面小康社会的奋斗目标更加明确，实现时间更加紧迫；另一方面也反映了全面小康社会从注重建设过程向突出完成时态的战略提升。从“建设”到“建成”不仅是党和国家发展战略的调整，更是中国共产党人初心不改、使命担当的充分体现。

从总体到全面。在推进改革开放的过程中，解决人民温饱问题、人民生活总体上达到小康水平这两个目标已提前实现，但这是一种低水平、不全面、发展不平衡的小康。正如习近平总书记指出的，如果到2020年我们在总量和速度上完成了目标，但发展不平衡、不协调、不可持续问题更加严重了，短板更加突出，就算不上真正实现了目标，即使最后宣布实现了，也无法得到人民群众和国际的认可。全面小康覆盖的领域要全面，不仅仅是经济上的小康，而是“五位一体”的全面进步；全面小康覆盖的人口要全面，不是一部分人的小康，而是惠及全体人民的小康；全面小康覆盖的区域要全面，不能只是城市小康，而应是城乡区域共同的小康。努力缩小城乡区域发展差距，是全面建成小康社会的一项重要任务。从总体到全面，不仅是小康社会从注重经济总量向社会发展质量的全方位提升，更是中国共产党人顺应人民群众新期待、满足人民群众新要求的直接体现。

从小康到现代化。党的十九大报告明确指出，在“两个一百年”奋斗目标的历史交汇期，既要全面建成小康社会、实现第一个百年奋斗目标，又要乘势而上开启全面建设社会主义现代化国家新征程，向第二个百年奋斗目标进军。根据国际国内形势和我国发展条件，提出分“两步走”的战略举措：第一步是在2020年全面建成小康社会的基础上，到2035年基本实现社会主义现代化；第二步是在2035年基本实现社会主义现代化的基础上，到2050年全面建成社会主义现代化强国。这一战略目标明确了建成社会主义现代化强国的时间表、路线图。从全面建成小康社会到基本实现社会主义现代化，再到全面建成社会主义现代化强国，各自在不同的历史阶段具有独特的历史任务和历史使命，但彼此又在中国共产党人初心和使命的价值规约下相融相生。

党带领人民在接续奋斗中卓越践行承诺

在全面建成小康社会的伟大历史进程中，党带领全国人民砥砺前行、接续奋斗、继往开来，不断推进脱贫攻坚的理论创新、制度创新、实践创新，卓越地践行向人民作出的庄严承诺。

改革开放以来，随着社会主义现代化建设的不断推进，我国成功地走出一条中国特色的扶贫开发道路。从1978年到1985年，党中央通过农村经济的制度变革，促进农村经济超常规增长，带动我国贫困人口急剧减少。从1986年到1993年，党中央实施了区域开发式扶贫战略，明确把解决大多数贫困地区贫困人口的温饱问题作为党和国家扶贫工作的长期目标。1994年到2000年，党中央实施了综合性扶贫攻坚战略，实现了从救济式扶贫向开发式扶贫的转变。2001年到2012年，党中央实施整村推进的大扶贫战略，以实施《中国农村扶贫开发纲要（2001—2010）》为主线，着力解决集中连片贫困地区的温饱问题。

党的十八大以来，习近平总书记从坚持和发展中国特色社会主义全局出发，把全面建成小康社会摆在治国理政的突出位置，将脱贫攻坚作为全面建成小康社会的底线任务和标志性指标。2015年，以习近平同志为核心的党中央制定了“十三五”规划，为确保如期实现全面建成小康社会提供了路线图和任务书。习近平总书记亲自挂帅、亲自出征、亲自督战，先后 30 多次开展扶贫调研，17 次主持召开扶贫重要会议，基本走遍了 14 个连片特困地区。在脱贫攻坚的伟大实践中，习近平总书记系统阐述了精准扶贫精准脱贫的基本方略，其基本要求是要做到扶持对象、项目安排、资金使用、措施到户、因村派人、脱贫成效“六个精准”；其主要途径是发展生产脱贫一批、易地搬迁脱贫一批、生态补偿脱贫一批、发展教育脱贫一批、社会保障兜底一批的“五个一批”；着力解决扶持谁、谁来扶、怎么扶、如何退“四个问题”。党中央持续加大资金投入力度，不断强化东西部扶贫协作，持续开展驻村帮扶，为决战决胜脱贫攻坚奠定了坚实的基础。

在党的集中统一领导下，通过全国各族人民的艰苦奋斗，全面建成小康社会取得了历史性成就，全面建成小康社会的奋斗目标已基本实现。在经济发展上，党中央努力克服各种困难，保持了经济发展总体平稳的局面，实现了产业结构优化升级，彰显了经济发展的强大韧性。在政治文明发展上，各方面制度日益完善并不断发展，国家治理体系和治理能力现代化取得重大进展，中国特色社会主义的根本制度、基本制度和重要制度不断完善，一整套更加成熟定型的制度体系正在加速形成。在社会发展上，人民生活水平持续提升，贫困群众的收入大幅增长，贫困地区的生产生活条件明显改善。在文化发展上，国民素质和社会文明程度显著提高，文化影响力持续扩大，文化软实力明显增强。在生态文明发展上，生态环境质量持续好转，森林覆盖率、城市建成区绿化覆盖率、农村生活垃圾收运处置体系覆盖率稳步提升，美丽乡村建设成效显著。

一诺重千钧，担当践使命。顺利完成全面建成小康社会的重任，如期兑现党对人民的庄严承诺，郑重践行党的初心使命，必将进一步增强党的政治领导力、思想引领力、群众组织力和社会号召力，也必将为开启全面建设社会主义现代化强国的新征程凝聚起磅礴力量。

践行承诺的历史经验需倍加珍惜

回顾辉煌的发展成就，为的是总结宝贵的历史经验。在40余年全面小康社会的演进历程中，中国共产党人带领中国人民迎难而上，奋力拼搏，战胜各种艰难险阻，走出了一条高水平的全面小康之路，为中国现代化进程积累了宝贵经验，为全面建成社会主义现代化强国奠定了坚实基础。

坚持和加强党的领导。在脱贫攻坚中，以习近平同志为核心的党中央始终总揽全局、协调各方，始终发挥把方向、谋大局、定政策、促改革的领导作用。当前，脱贫攻坚进入决战决胜关键时期，本来就有很多“硬骨头”要啃，受新冠疫情影响，又增加了难度，这对加强和改善党的领导提出了更高要求。习近平总书记强调：“脱贫攻坚越到最后越要加强和改善党的领导。”只有加强党的集中统一领导，不断发挥党的战略谋划能力、社会动员能力和组织协调能力，才能克服疫情的消极影响，啃下脱贫攻坚最后的“硬骨头”，为决胜脱贫攻坚战提供根本政治保证。

贯彻重大战略部署。党的十八大以来，以习近平同志为核心的党中央接续践行初心和使命，不断丰富全面建成小康社会的战略部署，形成了科学、系统、完整的战略体系，为决胜全面建成小康社会的伟大胜利提供根本遵循和实践指南。以“五位一体”总体布局统筹推进全面建成小康社会，着力解决小康社会发展不平衡、不充分、不全面的问题；以“四个全面”战略布局协调推进全面建成小康社会，为实现全面建成小康社会的战略目标提供了科学的战略举措；以新发展理念引领全面建成小康社会，致力于破解发展难题，增强发展动力、厚植发展优势；以重大发展战略落实全面建成小康社会目标，包括创新驱动发展战略、乡村振兴战略等重大战略，为落实落细总体性的奋斗目标提供了具体化的战略部署；坚决打好打赢防范化解重大风险、精准脱贫、污染防治三大攻坚战，补齐全面建成小康社会短板，确保如期完成全面建成小康社会的底线任务。

压实各级领导干部的责任。习近平总书记指出："贫困县党委和政府对脱贫攻坚负主体责任，党政一把手是第一责任人，攻坚期内干部队伍要保持稳定，把主要精力用在脱贫攻坚上。"党中央以增强政治担当和使命担当为己任，压实脱贫攻坚一把手责任制，强化省市县乡村五级书记一起抓的工作机制，抓实县级党委在脱贫攻坚工作中的核心作用。针对脱贫攻坚中出现的形式主义、官僚主义、弄虚作假、急躁厌战情绪以及消极腐败等现象，党中央始终坚持问题导向，加强脱贫攻坚的作风建设，集中力量解决脱贫领域"四个意识"不强、责任落实不到位等突出问题，始终强化政治担当，压实领导责任，严格实施问责，为全力以赴打赢打好脱贫攻坚战提供组织保证。

凝聚社会参与合力。脱贫攻坚是一项系统工程，既涉及多个领域，也涉及党组织、政府、社会、市场等多个行为主体。以习近平同志为核心的党中央，始终坚持充分发挥政府和社会两方面作用，构建专项扶贫、行业扶贫、社会扶贫互为补充的大扶贫格局，调动各方面积极性，形成了全社会广泛参与的脱贫攻坚格局；始终坚持政府投入的主导作用，不断深入推进东西部扶贫协作、党政机关定点扶贫、军队和武警部队扶贫、社会力量参与扶贫，形成了一股强劲的脱贫攻坚合力，为打赢脱贫攻坚战提供了力量支撑。

激发贫困人口内生动力。以习近平同志为核心的党中央始终注重调动贫困人口的积极性、主动性，坚持扶贫和扶志、扶智相结合，培育贫困群众依靠自力更生实现脱贫致富的意识，用人民群众的内生动力支撑脱贫攻坚。习近平总书记指出："脱贫致富终究要靠贫困群众用自己的辛勤劳动来实现。”贫困群众既是脱贫攻坚的扶贫对象，更是脱贫致富的主体力量。打赢脱贫攻坚战，必须大力激发贫困群众的内生活力，不断释放贫困群众努力奋斗的潜在能量，形成外部多元扶贫和内部自我脱贫的良性互动机制，实现可持续稳固脱贫。

全面建成小康社会的历史经验来之不易，需要倍加珍惜。在开启全面建设社会主义现代化强国的新征程中，继承好、坚持好、运用好这些宝贵的历史经验，有利于战胜前进道路上的风险挑战，有利于顺利实现党的伟大历史使命，有利于不断满足人民群众日益增长的美好生活需要。

（《北京日报》2020 年 10 月 26 日第 13 版）

第三章

精神谱系与理论指导

伟大建党精神永放光芒

伟大政党铸就伟大精神，伟大精神引领伟大实践。在庆祝中国共产党成立100周年大会上，习近平总书记首次提出坚持真理、坚守理想，践行初心、担当使命，不怕牺牲、英勇斗争，对党忠诚、不负人民的伟大建党精神。伟大建党精神内涵丰富、特点鲜明，深刻揭示了中国共产党百年来从小到大、从弱到强的精神之源，创新与发展了中国共产党人精神谱系的丰富内涵。百年以来，伟大建党精神深深融入一代又一代中国共产党人的血脉和灵魂，激励引导中国共产党人创造开天辟地的建党伟业、改天换地的建国大业、翻天覆地的改革事业、惊天动地的复兴勋业，不断绽放出时代光芒。

伟大建党精神具有丰富内涵与鲜明特点

“胜负之征，精神先见。”精神是时代和实践的升华，具有超越时空的普遍意义和重要价值。高度重视精神谱系建设并强化精神指引，把改造客观世界和改造主观世界有机统一起来，是中国共产党的优良传统和制胜密码。在党百年华诞之际提出的32字伟大建党精神，高度概括了百年来党的理论创新、实践创造和自身建设的历史经验，具有丰富的内涵和鲜明的特点。

坚持真理就是坚持马克思主义的科学真理，坚守理想就是坚守共产主义远大理想。坚持马克思主义的科学真理，就是要以马克思主义为精神旗帜，坚持和运用马克思主义立场观点方法，坚持结合中国实际发展马克思主义，坚持以马克思主义指导社会实践，反对形形色色的对待科学真理的错误倾向；坚守理想，必须建立在对马克思主义的深刻理解之上，建立在对历史规律的科学把握之上，坚持学而信、学而思、学而行，筑牢信仰之基，补足精神之钙，把稳思想之舵。习近平总书记指出："中国共产党为什么能，中国特色社会主义为什么好，归根到底是因为马克思主义行！"百年来一代又一代中国共产党人在党的非凡历程中，不断领会到马克思主义如何深刻改变中国、改变世界，感悟到马克思主义的真理力量和理想信念的实践力量，感受到"真理的味道非常甜"，并不断为之奋斗，甚至为之牺牲。

践行初心、担当使命，就是坚持为中国人民谋幸福，为中华民族谋复兴，把初心和使命作为激励中国共产党人不断前进的根本动力。践行初心、担当使命，就是要在价值上明确历经沧桑而初心不改、饱经风霜而本色依旧是"最难得的"；在理论上认识到初心和使命是党的性质宗旨、理想信念、奋斗目标的集中体现，忘记初心和使命就会改变性质、改变颜色，就会失去人民、失去未来；在实践上为了实现人民对美好生活的向往、实现中华民族伟大复兴而知重负重、苦干实干、攻坚克难，始终做到初心如磐、使命在肩。习近平总书记指出："从石库门到天安门，从兴业路到复兴路，我们党百年来所付出的一切努力、进行的一切斗争、作出的一切牺牲，都是为了人民幸福和民族复兴。"百年来，中国共产党从近代中华民族悲惨境地中确立初心和使命，义无反顾地接过历史交接棒，并以新的思想引领救亡运动，以新的组织凝聚革命力量，开启了为中国人民谋幸福、为中华民族谋复兴的伟大征程。在践行初心、担当使命的不懈奋斗中迎来了中华民族从站起来、富起来到强起来的伟大飞跃，使中华民族伟大复兴进入了不可逆转的历史进程。

不怕牺牲、英勇斗争，就是不论面对任何形式和难度的困难、挑战、风险、阻力、矛盾，还是面对各种各样的敌人，都敢于亮剑、勇于斗争，随时准备为党和人民牺牲一切。不怕牺牲、英勇斗争精神要求，不论环境如何艰险、条件怎样恶劣，甚至面临死亡的威胁，为了追求崇高理想、为了党的事业发展、为了维护人民利益，敢于直面生与死的考验，敢于发扬一不怕苦、二不怕死的精神，始终保持斗争的勇气和顽强的意志。习近平总书记强调："敢于斗争、敢于胜利，是中国共产党不可战胜的强大精神力量。"百年来一代又一代中国共产党人以不怕牺牲、英勇斗争精神，塑造了一个又一个有血有肉的历史丰碑。

对党忠诚，就是在党言党、在党忧党、在党爱党、在党护党。对党忠诚是共产党人的根本政治担当，要求做政治上的明白人，忠诚于党的信仰，忠诚于党的组织，忠诚于党的理论、路线、方针、政策。不负人民是中国共产党人的政治担当和道德自觉，要求站稳人民立场，坚守人民情怀，以民之所好好之、民之所恶恶之，"我将无我"地为人民服务，不负人民期望和重托。

伟大建党精神内涵丰富、结构严整、立意高远，具有鲜明的政治性、科学性和实践性特点。伟大建党精神集中反映了中国共产党的政治理念、政治追求、政治立场和政治原则，凝结着中国共产党安身立命之本、成就伟业之基，具有鲜明的政治性；高度概括了百年大党的历史逻辑、理论逻辑和实践逻辑，展示了中国共产党人以真理精神追求真理的思想自觉，彰显了挺立时代潮头、把握客观规律、推进事业发展的行动自觉，具有鲜明的科学性；明确提出了坚定理想信念、践行初心使命、担当民族复兴重任以及正确处理公与私、生与死关系的路径和方法，具有鲜明的实践性。

伟大建党精神是中国共产党人精神谱系的活水源头

“凡树有根，方能生发；凡水有源，方能奔涌。”一百年前，革命先驱们创建中国共产党时形成了伟大建党精神，在百年奋斗历程中伟大建党精神不断繁衍与传承，逐步构建起中国共产党人精神谱系。习近平总书记强调，“伟大建党精神，这是中国共产党的精神之源”。这一论断深刻阐明了伟大建党精神与中国共产党人精神谱系之间的关系。

伟大建党精神孕育了中国共产党人精神谱系的红色基因。伟大建党精神是中国共产党人精神谱系的根和魂，二者之间是源与流的关系。在革命、建设、改革和中国特色社会主义新时代形成的不同精神，都是伟大建党精神在不同历史条件下的具体呈现和深化拓展。伟大建党精神与不同历史环境、历史任务相结合，形成了各具特色的精神谱系，呈现出丰富多彩的样态，但其蕴含的红色基因和血脉得以不断“遗传”，在变化中保持着稳定。

伟大建党精神包含专注的、深沉的、持久的精神特质，是有情有义与无私无畏的结合，可谓爱憎分明。一方面，伟大建党精神突出全身心地投入真挚情感，崇尚科学真理，始终对党忠诚，无限热爱人民，倾心奉献事业。这样的精神特质在后来的伟大实践中都有充分的体现，都融汇在各具特色的精神谱系之中。如“把有限的生命，投入到无限的为人民服务之中去”的雷锋精神，就是无限热爱人民的光辉榜样；“爱岗敬业、争创一流，艰苦奋斗、勇于创新，淡泊名利、甘于奉献”的劳模精神，就是倾心奉献事业的生动注解。另一方面，伟大建党精神注重以无私无畏的精神气概进行革命与斗争，与强大敌人斗争，与错误思想斗争，与艰难险阻斗争，与恶劣条件斗争。这种无私无畏的斗争气概贯穿于不同历史时期的伟大实践与精神谱系之中。在革命时期，伟大抗战精神向全世界展示了我们党带领人民不畏强敌血战到底的战略意志，引领中国人民取得了抗日战争的最后胜利。建党初期对党内思想不纯、组织不纯以及来自“左”、右两方面的错误倾向进行斗争，成为中国共产党开展自我革命的历史范例。建设时期的铁人精神发出了“有条件要上，没有条件创造条件也要上”的豪迈誓言，充分展示了中国共产党领导石油工人同艰难险阻、恶劣条件斗争的积极性、主动性、创造性。

伟大建党精神塑造了中国共产党人精神谱系的崇高品格。文以载道、形神一体是中国共产党人精神谱系的鲜明特色。中国共产党人精神谱系不仅在红色基因和血脉上与伟大建党精神“神似”，而且在品格上也得以继承和传承。一是体现了真理与价值的统一，把坚持马克思主义科学真理、坚守共产主义理想信念与为人民利益而奋斗统一起来，如长征精神中“把全国人民和中华民族的根本利益看得高于一切，坚定革命的理想和信念，坚信正义事业必然胜利的精神”，洋溢着革命乐观主义精神。二是体现了知与行的统一，把认识和实践统一起来，既突出对时代、形势、任务的把握和认知，更重视行动、实践、革命、斗争的作用与意义。如建设时期的红旗渠精神，当然包含着修建“人工天河”的强烈期盼与美好愿望，但更重要的是充分彰显了林县人民在中国共产党领导下十年如一日大干苦干实干的精神风貌。三是体现了现实与理想的统一，既立足现实脚踏实地奋斗，又以远大理想照亮前行之路。如红船精神中“坚定理想、百折不挠的奋斗精神”，显示出昂扬的奋进姿态。四是体现了自信与忧患的统一，没有忧患意识的自信是自负，没有自信的忧患是悲观，既要充满自信，又要保持忧患。如西柏坡精神中的“谦虚谨慎、艰苦奋斗的精神”，表达了始终保持政治清醒的态度。

伟大建党精神确立了中国共产党人精神谱系的基本功能。中国共产党人精神谱系中每一种精神都是特定历史环境的产物，发挥着特定的作用，但也受伟大建党精神在功能上的框定，发挥着共同的作用。一是引领方向，把握大势。在革命方向不明时自觉把握历史大趋势，在历史转折关头选择正确道路，都需要精神谱系的照耀和指引，归根结底都可以在伟大建党精神中找到源头或受到启迪。二是坚定信心，增强斗志。在党的事业遭受挫折、陷入低潮时需要全党增强必胜的信心和顽强斗志，这就需要发挥精神谱系的激励与鼓舞作用，最终也能在伟大建党精神中追寻到根基和源泉。如在第五次反“围剿”失败后红军长征形成的长征精神，强调“不怕任何艰难险阻，不惜付出一切牺牲的精神”，引领中国革命转危为安。三是提振动力，消除阻力。在推进改革开放事业中，既需要解放思想、解放生产力、解放社会活力，又需要冲破陈旧观念与僵化体制机制的严重束缚。特区精神中的“敢闯敢试、敢为人先、埋头苦干”，既包含着提振动力与消除阻力的精神成分，又是伟大建党精神在改革开放新时期的继承和发展。

伟大建党精神是指引和激励中国共产党人不断前进的精神动力

人无精神不立，国无精神不强，党无精神不兴。伟大建党精神跨越时空、历久弥新，贯穿于中国共产党立党、兴党、强党全过程，贯穿于革命、建设、改革各时期，是指引和激励中国共产党人带领人民进行伟大实践的精神动力。

伟大建党精神为党的自身建设提供精神武器。伟大建党精神在伟大建党实践中一经产生，就开始指引党的自身建设不断发展。百年来，坚持真理、坚守理想为党的自身建设提供了理论指导和信仰指向，践行初心、担当使命为党的自身建设提供了历史任务和根本动力，不怕牺牲、英勇斗争为党的自身建设提供了道德律令和实践路径，对党忠诚、不负人民为党的自身建设提供了党性原则和价值立场。百年来在伟大建党精神指引下，我们党从只有 50 多名党员的小党，到今天发展成为拥有 9500 多万名党员、具有重大全球影响力的世界第一大执政党。在这个过程中，我们党坚持弘扬伟大建党精神，围绕建设什么样的党、怎样建设党，从以思想建党为起点发展到加强各方面建设，使党的建设质量得以不断提高。

我们党立志于中华民族千秋伟业，百年恰是风华正茂。站在新征程上，我们党继续弘扬伟大建党精神，以政治建设为统领，全面加强思想建设、组织建设、作风建设、纪律建设，把制度建设贯穿其中，深入推进反腐败斗争，不断推进党的建设新的伟大工程，以确保我们党始终走在时代前列、始终成为全国人民的主心骨、始终成为坚强领导核心，确保党不变质、不变色、不变味。

为党的事业不断取得胜利提供精神指南。习近平总书记强调："一百年来，中国共产党团结带领中国人民进行的一切奋斗、一切牺牲、一切创造，归结起来就是一个主题：实现中华民族伟大复兴。"中华民族伟大复兴是一场广泛、深刻、持久的社会革命，百年以来我们党弘扬伟大建党精神，团结带领中国人民以"为有牺牲多壮志，敢教日月换新天"的大无畏气概，连续创造了新民主主义革命的伟大成就、社会主义革命和建设的伟大成就、改革开放和社会主义现代化建设的伟大成就、新时代中国特色社会主义的伟大成就，推动中华民族伟大复兴进入了不可逆转的历史进程。伟大建党精神是中国共产党在这一百年里开辟伟大道路、创造伟大事业、取得伟大成就的精神指南。

伟大建党精神既是对历史的概括与总结，更能指引、启迪未来。习近平总书记指出："中华民族伟大复兴，绝不是轻轻松松、敲锣打鼓就能实现的。"从世情看，世界正经历百年未有之大变局，逆全球化时常涌动暗流，新冠疫情影响仍未结束，美国全方位对我不断打压、遏制、挑战，外部环境不利因素增多；从国情看，国内经济下行压力加大，发展不平衡不充分问题仍然突出，重点领域关键环节改革任务仍然艰巨；从党情看，党内存在的思想不纯、组织不纯、作风不纯等突出问题尚未得到根本解决，党的领导弱化、党的建设缺失、管党治党不力状况仍然存在。形势越严峻复杂、任务越艰巨繁重，目标越接近实现，越需要伟大建党精神指引方向、凝聚共识、汇聚力量，越需要激励攻坚克难、化险为夷的伟大实践。

为党获得深厚的群众基础提供了精神激励。中国共产党为什么能够得到人民的支持和拥护，伟大建党精神做了明确回答。百年来，中国共产党全心全意为人民服务、为人民谋幸福，源自伟大建党精神蕴含的天下为公特质。正如习近平总书记指出的："中国共产党始终代表最广大人民根本利益，与人民休戚与共、生死相依，没有任何自己特殊的利益，从来不代表任何利益集团、任何权势团体、任何特权阶层的利益。"正是由于坚持对内超越自我、对外超越利益集团，中国共产党才能真正为人民做到"始终"和"全心全意"，也才能赢得人民"始终"和"全心全意"的支持和拥护。

中国共产党根基在人民、血脉在人民、力量在人民，党离不开人民；人民也同样离不开党，人民在历史潮流中选择了中国共产党，中国共产党领导是全国各族人民的利益所系、命运所系。任何想把中国共产党同中国人民分割开来、对立起来的企图，中国共产党和人民都绝不答应。面向未来，继续弘扬伟大建党精神要求全体党员牢记初心使命，坚定理想信念，践行党的宗旨，永远保持同人民群众的血肉联系，始终同人民想在一起、干在一起，风雨同舟、同甘共苦，继续为实现人民对美好生活的向往不懈努力。

为党战胜艰难险阻、化解风险挑战提供精神引领。"艰难困苦，玉汝于成。"一百年来，从在半殖民地半封建社会进行新民主主义革命、推翻三座大山，到打破帝国主义封锁，在一穷二白基础上探索社会主义建设道路，从冲破僵化观念束缚和体制机制障碍来推进改革开放大业，到中国特色社会主义新时代党和国家事业取得历史性成就、发生历史性变革，我们党是通过战胜无数艰难险阻、化解众多风险挑战一路走来的。习近平总书记总结道："世界上没有哪个党像我们这样，遭遇过如此多的艰难险阻，经历过如此多的生死考验，付出过如此多的惨烈牺牲。一百年来，在应对各种困难挑战中，我们党锤炼了不畏强敌、不惧风险、敢于斗争、勇于胜利的风骨和品质。"

百年来，压倒一切困难而不被困难压倒，战胜一切敌人而不被敌人战胜的不怕牺牲、英勇斗争的伟大建党精神，已经深深融入中国共产党的精神血脉，为我们党战胜艰难险阻、化解风险挑战提供了精神引领，推动党的事业取得一个又一个胜利。在新征程上，伟大建党精神必将激励中国共产党人在把握宝贵机遇的同时，妥善应对与有效化解来自国际国内的风险挑战，必将引领第二个百年奋斗目标的顺利实现。

（《中国纪检监察报》2021 年 7 月 8 日第 8 版）

百年大党精神谱系的重要价值

在百年奋斗历程中，我们党形成与培育了以坚定理想信念、不忘初心使命、崇尚艰苦奋斗等为主要内容的精神谱系，为立党兴党强党提供了丰厚滋养和强大精神支撑。如果说社会实践是中国共产党人精神谱系的深厚源泉与广阔基础，那么精神谱系则是中国共产党人践行初心、担当使命、攻坚克难、夺取胜利的精神力量与思想保证。在开启全面建设社会主义现代化国家的新征程中，充分发挥党的精神谱系的重要价值，积极汲取蕴含其中的智慧和力量，不断增强砥砺前行的思想自觉和行动自觉，无疑具有十分重要的现实意义。

在传承和弘扬中国共产党人精神谱系中保持奋进新征程的强大定力

保持定力是马克思主义政党成功应对各种风险挑战的制胜法宝，主要包括对政治方向的准确把握、对理想信念的执着坚守、对完成历史使命的矢志不渝等。在百年奋斗征程中，我们党不知经历过多少大风大浪，遭受过多少风险挑战，却始终能不为任何风险所惧、不为任何干扰所惑，做到“任凭风浪起，稳坐钓鱼船”，靠的就是强大定力。

保持政治定力，把准政治方向。政治方向是一个政党生存发展首要问题，直接关系着其前途命运和事业的兴衰成败。政党是特定阶级利益的代表，任何政党都有政治属性，都有自己的政治使命、政治方向、政治追求。我们党作为马克思主义政党，具有崇高政治理想、高尚政治追求，一经成立就锚定了自己的政治方向——走社会主义道路，实现共产主义。在这一正确政治方向指引下，中国共产党人为了共同的理想而顽强奋斗，即使遇到困难挫折，也能做到凝神聚力、穿越阻碍、坚定前行，从而取得了革命、建设与改革开放的伟大胜利。

在党的精神谱系中，有很多彰显我们党保持政治定力、把准政治方向的精神。长征精神就是其中的生动案例，其最显著特点就是听从党中央指挥。红军在过草地的时候，炊事员同志一起床，首先关心的不是有没有米下锅，而是朝着哪个方向走。革命时期的井冈山精神、延安精神、太行山精神等，体现了坚持听党话、跟党走，将革命进行到底的政治定力；建设时期的抗美援朝精神、西迁精神等，体现了服从大局、坚决贯彻党中央决策部署的政治定力；改革开放时期的特区精神、劳模精神等，体现了坚持党的领导，坚持中国特色社会主义道路的政治定力；新时代的脱贫攻坚精神等，体现了矢志不渝为发挥中国特色社会主义制度优势、实现全体人民共同富裕而不懈奋斗的政治定力。

习近平总书记指出："我们所要坚守的政治方向，就是共产主义远大理想和中国特色社会主义共同理想、'两个一百年'奋斗目标，就是党的基本理论、基本路线、基本方略。"① 这一重要论断具有很强的现实针对性和实践指导性，为新征程中保持正确政治方向提供了根本遵循。新征程上，必须大力传承和弘扬中国共产党人精神谱系，进一步增强政治定力，始终保持清醒头脑，坚定地走在中国特色社会主义大道上；在全面建成小康社会、实现第一个百年奋斗目标基础上，接续向第二个百年奋斗目标、建设社会主义现代化国家迈进；在思想上政治上行动上同党中央保持高度

①《习近平谈治国理政》（第三卷），外文出版社 2020 年版，第 93 页。

一致，增强“四个意识”、坚定“四个自信”、做到“两个维护”，坚持和加强对社会主义现代化国家建设的全面领导。

保持思想定力，坚定理想信念。强大的思想定力是我们党作为百年大党的显著标识与独特优势。理想信念是共产党人的精神支柱和安身立命的根本，也是其勇往无前的精神动力。邓小平同志指出，“为什么我们过去能在非常困难的情况下奋斗出来，战胜千难万险使革命胜利呢？就是因为我们有理想，有马克思主义信念，有共产主义信念”[①]。在理想信念的指引下，共产党人实现历史使命的奋斗征程就不会迷茫和停滞，党的凝聚力、号召力和战斗力就不会消散，党就能始终保持富有朝气活力的精神面貌。百年来，我们党用坚定的理想信念，书写了世界政党史上最具代表性意义的辉煌篇章，形成了政党治理和国家治理的独特动力机制。

党的精神谱系蕴含着共产党人对理想信念的清醒认知和执着追求。如李大钊精神中的为共产主义信念“断头流血以从之”的舍身取义，方志敏精神中的“因为我们信仰的主义，乃是宇宙的真理”的坚贞不屈，夏明翰精神中的“砍头不要紧，只要主义真”的视死如归，还有红船精神中的“坚定理想、百折不挠”。再如，井冈山精神中的“坚定不移的革命信念”，苏区精神中的“坚定信念、求真务实”等。这些精神都铭刻着一条鲜明的历史印记——对共产主义的坚定信仰、对马克思主义的坚定信念，深刻揭示了坚定理想信念是党的精神谱系的灵魂与核心内容。

在新征程上，必须从精神谱系中汲取信仰信念的力量：坚持用党的创新理论武装头脑，推动全党全社会深入学习贯彻习近平新时代中国特色社会主义思想，坚持以理论上的清醒促进信念上的坚定，以信念上的坚定炼就金刚不坏之身，自觉做共产主义远大理想和中国特色社会主义共同理想

①《邓小平文选》（第三卷），人民出版社1993年版，第110页。

的坚定信仰者和忠实实践者；坚持马克思主义在意识形态领域的根本指导地位，引导广大党员干部深刻领悟蕴含在党的精神谱系中的马克思主义真理，善于运用马克思主义科学世界观与方法论廓清思想迷雾，坚决抵制新自由主义、历史虚无主义等错误思想的干扰与侵蚀；坚持在传承与感悟党的精神谱系中加强思想淬炼，推动理想信念教育制度化、常态化，切实解决好世界观、人生观、价值观这个“总开关”问题，挺起共产党人精神脊梁，真正让理想信念成为激励前行的灯塔。

保持战略定力，完成历史使命。实现中华民族伟大复兴，是共产党人奋斗不止的历史使命。保持战略定力，是完成这一历史使命的重要保障。习近平总书记指出：“战略问题是一个政党、一个国家的根本性问题。”[①]为了完成历史使命，我们党坚持一棒接着一棒地制定了一系列发展战略和发展规划，按照既定战略坚定前行，创造出了从改天换地到翻天覆地、从战天斗地到惊天动地的人间奇迹。

在百年奋斗征程中，我们党形成了一系列彰显共产党人保持战略定力，历尽千难万险、践行历史使命的精神。在革命时期，伟大的抗战精神向世界展示了我们党坚持持久抗战的战略决心，不畏强暴、血战到底的战略意志，百折不挠、坚韧不拔的战略定力；在建设时期，红旗渠精神充分展示了林县人民在党的带领下十年如一日，坚持不懈、苦干不止，硬是在太行山悬崖峭壁上修成了“人工天河”的战略耐力；在改革开放进程中，载人航天精神充分体现了航天工作者干惊天动地事、做隐姓埋名人的战略清醒；脱贫攻坚精神记录了党和人民上下同心、尽锐出战、久久为功的战略毅力。这些精神从不同层面彰显了共产党人在重大困难和挑战面前，既有“千磨万击还坚劲”的毅力与恒心，也有“咬定青山不放松”的自信与坚定。

---

①《习近平谈治国理政》（第二卷），外文出版社2017年版，第10页。

在新征程中，必须充分汲取蕴含在党的精神谱系中的强大定力。不断增强战略自信，不断提升实现中华民族伟大复兴这一历史使命的勇气和底气，在事关道路、方向、立场等重大原则问题上做到旗帜鲜明、态度明确、立场坚定；时刻保持战略清醒，准确把握党和国家事业发展的“时”与“势”，以强烈的历史责任感和深沉的使命忧患感，坚定不移走好自己的路，集中精力做好自己的事，引领“中国号”巨轮乘风破浪，胜利驶向中华民族伟大复兴的光辉彼岸；不断提升战略耐力，坚持一代接着一代干、一步一个脚印稳扎稳打向前走，锲而不舍为完成党的历史使命而奋斗。

在传承和弘扬中国共产党人精神谱系中提振奋进新征程的强劲动力

伟大精神谱系的一个重要价值，就在于能够有效引领与激励广大共产党员全身心投入伟大事业。马克思认为，“批判的武器当然不能代替武器的批判，物质力量只能用物质力量来摧毁；但是理论一经掌握群众，也会变成物质力量”[①]。在百年奋斗征程中，我们党始终注重推动精神力量向物质力量转化，坚持用红色革命精神激励广大党员干部积极担当作为、勇于开拓创新，团结带领人民群众投身中国革命、建设和改革开放事业。

提振动力，旨在激励担当作为。党的性质、宗旨和奋斗目标，决定了中国共产党必须具备勇于担当作为的政治品质。在中国革命、建设和改革的伟大实践中，激励广大党员干部担当作为已成为党的光荣传统与优良作风。毛泽东同志号召“实事求是、力戒空谈”，邓小平同志强调“不干，半点马克思主义都没有”，江泽民同志提出“建设一支能够担当重任、经得起风浪考验的高素质的领导干部队伍”，胡锦涛同志提倡“求真务实、

①《马克思恩格斯选集》（第1卷），人民出版社2012年版，第9页。

真抓实干”，习近平总书记强调“劳动创造幸福，实干成就伟业”。这些重要论断是我们党在不同历史时期发出的担当作为的动员令，充分体现了共产党人一脉相承地倡导与鼓励担当作为的历史清醒与历史自觉。一百年来，我们党所铸造的伟大成就、创造的伟大奇迹，都是在一代代共产党人担当作为中取得的。

在党的精神谱系中，有很多精神生动展现了共产党人勇于担当作为、善于担当作为、乐于担当作为的优良传统，浓缩了共产党人自觉把担当内化于心、外化于行的精神风貌。如铁人精神就是共产党人积极担当作为的生动写照，其内涵主要包括“宁可少活二十年，拼命也要拿下大油田”的拼搏精神，“有条件要上，没有条件创造条件也要上”的奋斗精神，“干工作要经得起子孙万代检查”的担当精神，“甘愿为党和人民当一辈子老黄牛”的奉献精神等。我们党在长期实践中培育形成的以“爱岗敬业、争创一流，艰苦奋斗、勇于创新，淡泊名利、甘于奉献”为主要内涵的劳模精神，以“崇尚劳动、热爱劳动、辛勤劳动、诚实劳动”为主要内涵的劳动精神，以“执着专注、精益求精、一丝不苟、追求卓越”为主要内涵的工匠精神等，都充分体现了共产党人立足岗位职责、积极担当作为的坚强党性和先进觉悟。

在新征程中，必须继承和弘扬革命精神谱系中的担当作为元素，激励广大党员干部坚持以时不我待、只争朝夕的历史担当，“以对党忠诚、为党分忧、为党尽职、为民造福的政治担当，以守土有责、守土负责、守土尽责的责任担当，面对大是大非敢于亮剑，面对矛盾敢于迎难而上，面对危机敢于挺身而出，面对失误敢于承担责任，面对歪风邪气敢于坚决斗争”[①]；坚持以党的精神谱系涵养担当作为的政治生态，营造担当作为可

① 习近平：《努力造就一支忠诚干净担当的高素质干部队伍》，《求是》2019年第2期。

贵、担当作为光荣的社会氛围，树立鼓励担当作为的选人用人导向，健全相关制度规章，为勇于担当作为的干部撑腰鼓劲，使勇于担当成为党员干部的自觉追求，使勇担当、敢作为在干部队伍中蔚然成风。

提振动力，贵在激发开拓创新。开拓创新是社会实践的重要形式，是推动人类社会向前发展的根本动力。我们党成立百年来，之所以能够实现从小到大、由弱变强的伟大转变，历经考验磨难无往而不胜，关键就在于不断进行实践创新、理论创新和制度创新。

在党的精神谱系中，有很多体现我们党勇于开拓创新的精神。如西柏坡精神中的“进京赶考”，改革开放精神中的“开拓创新”，特区精神中的“敢闯敢试、敢为人先”，包含着开拓创新的精神元素；“两弹一星”精神中的“大力协同、勇于登攀”，抗疫精神中的“尊重科学”等，也包含着鲜明的开拓创新的内容。百年党史充分证明，事业越伟大，使命越艰巨，越是需要开拓创新。如果说实践创新是现实基础，那么理论创新就是观念引领，制度创新则是坚强保障。

在新征程上，必须以党的精神谱系为榜样和镜鉴，努力激发开拓创新的勇气与意志。不断推进理论创新，着眼于马克思主义理论的运用和新的实践发展，及时回答时代之问、人民之问，坚持用鲜活丰富的当代中国实践来推动马克思主义发展，不断深化对共产党执政规律、社会主义建设规律、人类社会发展规律的认识；不断推进实践创新，始终保持“逢山开路、遇河架桥的精神”，坚持在开拓创新中续写坚持和发展中国特色社会主义新篇章；不断推进制度创新，充分发挥中国特色社会主义制度优势，深刻把握我国发展要求和时代潮流，坚持把制度建设摆在更加突出的位置，继续深化各领域各方面体制机制改革，推动各方面制度更加成熟更加定型，推进国家治理体系和治理能力现代化。

提振动力，重在汇聚民心民力。马克思主义认为，人民群众是历史的创造者，是社会变革的决定性力量。任何一项伟大事业要想成功，都必须从人民中找到基础，从人民中积聚力量，依靠人民来共同完成。毛泽东同志指出，“中国的命运一经操在人民自己的手里，中国就将如太阳升起在东方那样，以自己的辉煌的光焰普照大地”[①]。我们党来自人民、为人民而生、因人民而兴，人民是我们党执政的最大底气，是党执政最深厚的根基。人民的支持和拥护是我们党的力量源泉。

我们党历来尊重人民群众的主体地位，始终把凝聚民心民智民力作为一以贯之的执政理念，贯穿于革命、建设和改革的实践中，由此跨过一道道坎坷，取得一个个胜利。毋庸置疑，是人民的坚定支持让井冈山的星火走向燎原，是人民的小推车推出了淮海战役的决定性胜利，是人民的小木船划出了渡江战役的伟大胜利；同样，是人民的“大包干”拉开了改革大幕，是人民的齐心协力构筑起新冠疫情防控的坚固防线。我们党在依靠人民群众创造历史伟业的实践中，孕育诞生了一系列体现人民伟力的红色精神。如革命时期的沂蒙精神、大别山精神、苏区精神等，都蕴含着人民群众对党领导的革命事业的拥护和支持，充分体现了人民群众是革命胜利之本；建设时期的红旗渠精神、北大荒精神、塞罕坝精神等，彰显了人民群众投身社会主义建设事业的积极性、主动性和创造性；改革开放时期的小岗精神、特区精神等，充分展现了人民群众的首创精神和无穷智慧。这些精神都是我们党团结人民、依靠人民创造历史伟业的宝贵品格在精神层面的生动反映。

新的征程上，必须汲取党的精神谱系中团结人民、依靠人民的经验智慧。坚持人民主体地位，尊重人民首创精神，自觉拜人民为师，虚心向人民学习，放下架子、扑下身子，深入到人民群众中请教解决问题的办法，

---

①《毛泽东选集》（第四卷），人民出版社 1991 年版，第 1467 页。

注重及时总结人民群众在实践中创造的好经验好做法；充分相信人民群众，坚持国家一切权力属于人民，坚持党的领导、人民当家作主、依法治国有机统一，坚决维护人民合法权益，保证人民依法通过各种途径和形式管理国家事务，自觉接受人民监督；自觉践行党的群众路线，把群众观点、群众路线深深植根于思想中、具体落实到行动上，不断密切党和人民群众的血肉联系，增强人民群众对党的信任和信心，从亿万人民中凝聚起全面建设社会主义现代化国家的磅礴力量。

在传承和弘扬中国共产党人精神谱系中提升奋进新征程的高强能力

肩负好党的历史使命，实现中华民族伟大复兴，既要政治过硬，也要能力高强。能力不会凭空产生，也不可能一蹴而就。党的精神谱系是广大党员干部能力生成和提升的重要源泉。习近平总书记指出："我们党一步步走过来，很重要的一条就是不断总结经验、提高本领，不断提高应对风险、迎接挑战、化险为夷的能力水平。"[①]善于从党的精神谱系中汲取智慧，坚持以党的精神谱系锻造高强能力，是我们党解决党员干部"本领恐慌"问题的重要举措。

提升伟大斗争的能力，扫清前进道路上的障碍。马克思主义认为，社会历史发展的根源在于其种种复杂的内外部矛盾。矛盾的斗争贯穿于过程的始终，并使一过程向着其他过程转化，矛盾的斗争无所不在。矛盾既是普遍性与特殊性的结合，也是同一性与斗争性的结合。"当着我们研究矛盾的普遍性和斗争性的时候，要注意矛盾的各种不同的斗争形式的区别。"[②]我们党是在斗争中发展壮大的，中国今天的辉煌成就和国际地位也是在斗争中取得的。习近平总书记指出，"建立中国共产党、成立中华人民共和国、实行改

---

① 习近平：《在党史学习教育动员大会上的讲话》，《求是》2021 年第 7 期。
②《毛泽东选集》（第一卷），人民出版社 1991 年版，第 337 页。

革开放、推进新时代中国特色社会主义事业，都是在斗争中诞生、在斗争中发展、在斗争中壮大的”[①]。由此可见，社会是在矛盾运动中前进的，有矛盾就会有斗争，有斗争就必须有相应的斗争能力和本领。

在党的百年征程中，经过各种考验而淬炼出来的斗争法宝沉淀、凝结于一个个具体的红色精神之中。例如，革命时期，在我们党团结带领人民与三座大山进行艰苦卓绝的斗争中，孕育形成了井冈山精神、长征精神、抗战精神等；建设时期，在维护我国主权安全、与恶劣自然条件斗争的实践中，形成了抗美援朝精神、“两路”精神等；改革开放时期，在应对重大自然灾害和重大公共卫生安全事件中，形成了抗洪精神、抗击“非典”精神等；新时代，在与新冠疫情、贫困现象的斗争中，形成了抗疫精神、脱贫攻坚精神等。这些精神虽有不同的生成背景，但都是我们党直面矛盾困难、发扬斗争精神、不断提升斗争能力的生动写照。

当前和今后一个时期，国内与国际、党内与党外、社会领域与自然界的某些势力、某些行为或一些重大风险、挑战、阻力，都决定了进行伟大斗争不是选修课而是必修课。迈上新征程，必须从精神谱系中汲取开展伟大斗争的智慧和力量。不断加强思想淬炼，学懂弄通做实党的创新理论，掌握马克思主义立场观点方法，不断夯实敢于斗争、善于斗争的思想根基，不断增强斗争意识和斗争底气；不断加强政治历练，绷紧政治这根弦，不断提高政治判断力、政治领悟力、政治执行力，坚持从政治的高度来把握和思考问题，深刻认识进行伟大斗争的长期性、复杂性、艰巨性，把准伟大斗争的正确方向，增强伟大斗争的政治定力；不断加强实践锻炼，主动投身到各种斗争实践中去，在复杂严峻斗争中经风雨、练胆魄、壮筋骨、磨意志、长才干，在不断斗争中锻造烈火真金，在不断解决现实

① 《习近平谈治国理政》（第三卷），外文出版社 2020 年版，第 225 页。

问题中推动事业发展。

提升为人民谋利益的能力，厚植党长期执政的根基。人民立场是马克思主义政党的根本政治立场，为人民谋利益是中国共产党人精神谱系最深刻的价值追求。马克思主义认为，“无产阶级的运动是绝大多数人的，为绝大多数人谋利益的独立的运动”①。我们党自诞生之日起，就是中国最广大人民根本利益的忠实代表，始终把为人民谋利益的价值理念一以贯之地体现到党的全部奋斗中。革命时期，党领导人民打土豪、分田地，赶走日本侵略者，打倒国民党反动派，无数革命先烈用生命和鲜血践行了“为了人民牺牲一切”的铮铮誓言；建设时期，无数英雄模范用顽强意志战胜艰难困苦，用辛勤汗水浇灌了人民利益之花；改革开放后，广大党员干部“舍小家为大家”，为了人民利益牺牲个人利益，为了实现共同富裕而大公无私。历史充分证明，我们党的百年历史，就是一部践行党的初心使命的历史，就是一部党与人民心连心、同呼吸、共命运的历史。

在党为人民谋利益的历史实践中形成的诸多精神，都彰显着“人民至上”的价值追求。如革命时期，苏区精神中“一心为民”，张思德精神中“全心全意为人民服务”等，彰显了共产党人为了人民利益不怕牺牲的境界；建设时期，雷锋精神中“把有限的生命，投入到无限的为人民服务之中去”，焦裕禄精神中“心中装着全体人民、唯独没有他自己”等，展现了共产党人为了人民利益不怕吃苦的品格；改革开放时期，孔繁森精神中“一个共产党员爱的最高境界是爱人民”，杨善洲精神中“牢记宗旨，一心为民”等，体现了共产党人为了人民利益不怕吃亏的风范。这些精神生动体现了共产党人坚持人民至上的崇高追求，充分展示了全心全意为人民服务的根本宗旨。

---

①《马克思恩格斯选集》（第1卷），人民出版社2012年版，第411页。

在新征程中，必须从精神谱系中汲取为人民谋利益、造福人民的智慧和力量，高度警惕脱离群众的危险。牢记党的初心、性质和宗旨，牢固树立“江山就是人民，人民就是江山”的理念，坚持立党为公、执政为民，始终保持对人民的赤子之心，不断追求“我将无我，不负人民”的崇高境界；用心用情用力解决好人民群众“急难愁盼”等现实问题，坚持从最突出的问题抓起，从群众的现实利益出发，真心实意为人民群众办实事，切实解决人民群众的困难事、烦心事，让人民群众有更多、更直接、更实在的获得感、幸福感、安全感；不断满足人民对美好生活的向往，坚持在发展中保障民生，毫不动摇走高质量发展之路，着力解决发展不平衡不充分的问题，在全体人民共同富裕上取得更为明显的实质性进展，在更高水平上更好满足人民日益增长的美好生活需要。

提升自我革命的能力，建设更加坚强有力的强大政党。勇于自我革命是我们党最鲜明的品格和最大的优势。马克思主义政党以实现人的自由全面发展和解放全人类为己任，要实现这样的崇高使命，就必须永葆先进性和纯洁性，一刻不放松地解决自身存在的问题，以彻底的自我革命来推动深刻的社会革命。我们党是在不断自我批评、自我革命中成长成熟的，一次次拿起手术刀革除自身的病症，一次次靠自己解决了自身问题。历史深刻昭示我们，要不断解决影响党的先进性、弱化党的纯洁性的问题，就必须不断提升自我革命的能力和本领。这是我们党走向世界最强大政党的必由之路，也是全面领导社会主义现代化国家的必然选择。

一百年来，我们党在深入推进自我革命中彰显了无产阶级政党的政治本色，练就了中国共产党人自我净化的“绝世武功”，探索出了在长期执政下解决自身问题、跳出历史周期率的成功经验，形成了一系列蕴含自我革命经验与方法的红色精神。建党初期对党员和一些党组织思想不纯、组织不纯以及来自“左”、右两方面的错误开展自我革命，特别是古田会议提出从思想上纠正党内错误思想的理念和方法，是我们党开展自我革命的伟大创造；长征时期运用民主集中制反对党内存在的“左”倾、右倾主义错误，反对张国焘的分裂行为，是开展自我革命的生动写照；延安时期的整风运动，通过反对主观主义整顿学风，反对宗派主义整顿党风，反对党八股整顿文风，是开展自我革命的经典案例；新中国成立后，开展的“三反”“五反”运动是开展自我革命的延续和发展；改革时期开展的“三讲”集中教育和先进性教育是开展自我革命的生动教材；新时代坚持“打虎”“拍蝇”“猎狐”零容忍是开展自我革命的崭新篇章。在此过程中形成了一系列革命精神，如古田会议精神、延安整风精神、西柏坡精神等，为我们党在新征程上开展自我革命提供了重要启迪。

在新征程中，必须从党的精神谱系中汲取开展自我革命的智慧和经验，不断提升自我革命能力。一是不断增强自我净化的能力，严肃党内政治生活，用好批评与自我批评的武器，锤炼过硬党性，不断提高政治免疫力，严格监督执纪，坚决清除一切侵蚀党的健康肌体的病毒；二是不断增强自我完善的能力，着眼于加强党的长期执政能力建设，补短板、强弱项、固根本、防源头、治苗头，不断健全保障开展自我革命的制度体系；三是不断增强自我革新的能力，坚持解放思想、实事求是、与时俱进、求真务实，坚决破除一切不合时宜的思想观念、体制机制弊端和实际做法，不断调动全党积极性、主动性、创造性；四是不断增强自我提高的能力，坚持做到反躬自省，自己超越自己，全面增强执政本领，以永不停歇的自觉将自我革命进行到底，始终保持马克思主义政党的先进性和纯洁性，使党始终走在时代前列，始终朝气蓬勃有活力。

（《人民论坛》2021 年 5 月下）

党的思想理论建设的重要支点

在革命、建设、改革的伟大实践中，我们党不断推进思想理论建设，坚持用马克思主义中国化理论创新成果引领中华民族伟大复兴的历史进程，在不断推进中国社会深刻变革的同时也创造出光辉的思想成就。百年大党的思想理论建设，以始终坚持以马克思主义为指导、始终坚持科学社会主义基本原则、不断完善和加强党的领导、始终坚持人民群众历史主体地位等为重要支点，为坚持党的领导、加强党的建设奠定了坚实的思想理论基础，为实现中华民族从站起来、富起来到强起来的伟大飞跃提供了精神动力、思想保证与智力支持。

始终坚持以马克思主义为指导

习近平总书记在庆祝中国共产党成立100周年大会上指出："马克思主义是我们立党立国的根本指导思想，是我们党的灵魂和旗帜。"从党的百年奋斗历程看，马克思主义是我们党和人民事业不断发展的参天大树之根本，是我们党和人民不断奋进的万里长河之泉源。相反，背离或放弃马克思主义，我们党就会失去灵魂、迷失方向。在坚持以马克思主义为指导这一根本问题上，我们必须坚定不移，任何时候任何情况下都不能动摇。

一百年来，我们党创造性地把马克思主义基本原理同中国具体实际与时代特征相结合，不断推进马克思主义中国化的理论创新进程，创立了毛泽东思想、邓小平理论，形成了“三个代表”重要思想、科学发展观，创立了习近平新时代中国特色社会主义思想，为党和人民事业发展提供了科学理论指导，指导党和人民事业不断开创新局。习近平新时代中国特色社会主义思想围绕新时代坚持和发展什么样的中国特色社会主义、怎样坚持和发展中国特色社会主义，坚持马克思主义立场观点方法，以宽广视野和长远眼光认识和把握当代中国面临的一系列重大问题，在理论上不断作出新的概括与创造，是坚持与发展马克思主义的光辉典范，谱写了当代中国马克思主义、21世纪马克思主义的新篇章。

历史充分证明，中国共产党和中国人民选择马克思主义是完全正确的，党把马克思主义写在自己的旗帜上是完全正确的。中国共产党为什么能，归根结底是因为马克思主义行，是因为始终坚持以马克思主义为科学指导；中国特色社会主义为什么好，归根结底是因为马克思主义行，是因为始终坚持科学社会主义基本原则与中国国情、时代特征相结合。党的十九届四中全会在党的历史上首次把坚持马克思主义在意识形态领域的指导地位作为一项根本制度提出来，为我们党不断开辟坚持和发展马克思主义新境界提供了坚强的制度保障，必将有力促进百年大党思想理论建设再出发并铸就新辉煌。

始终坚持科学社会主义基本原则

社会主义不是从天上掉下来的，是历史的选择、人民的选择。在新民主主义革命的基础上开展社会主义革命，之后进行社会主义建设的探索，进而开创中国特色社会主义，在新时代坚持和发展中国特色社会主义，都是中国共产党人将科学社会主义的基本原则与中国实际相结合的产物，都是由科学社会主义精神旗帜引领着的深层次变革。

关于在中国这样一个经济文化比较落后的东方大国能否进行社会主义

革命，在此基础上如何进行社会主义建设，是一个历史性课题。我们党成立后，团结带领人民经过 28 年浴血奋战和顽强奋斗，建立了中华人民共和国，实现了从新民主主义革命到社会主义革命的历史性跨越。新中国成立后，我们党团结带领人民创造性完成社会主义改造，确立社会主义基本制度，大规模开展社会主义经济文化建设，中国人民不仅站起来了，而且站住了、站稳了，实现了从社会主义革命到社会主义建设的历史性跨越。进入历史新时期，我们党带领人民进行改革开放新的伟大革命，极大激发广大人民群众的积极性、主动性、创造性，成功开辟了中国特色社会主义道路，使中国大踏步赶上时代，实现了社会主义现代化进程中新的历史性跨越，迎来了中华民族伟大复兴的光明前景。

党的十八大以来，习近平总书记将中国特色社会主义的基本内涵确定为道路、理论、制度、文化“四位一体”，将我国的发展目标确立为实现中华民族伟大复兴，作出社会主要矛盾发生转化的重大判断，提出了创新、协调、绿色、开放、共享的新发展理念，强调统筹推进“五位一体”总体布局、协调推进“四个全面”战略布局，对社会主义现代化建设作出新“两步走”的战略安排。这就进一步深化了对社会主义建设规律的认识，在坚持与发展科学社会主义方面达到了新境界。

历史充分证明，在始终坚持科学社会主义基本原则的基础上，“只有社会主义才能救中国”的道理已成为普遍共识，“只有社会主义才能发展中国”的观念已深入人心，“只有在中国特色社会主义道路上才能实现中华民族伟大复兴”的信念将无比坚定。

不断完善和加强党的领导

在党的领导问题上，中国共产党人继承和发展了马克思主义经典作家的思想，并结合中国实际不断推进党的领导理论创新，塑造出以中国共产党为领导力量的理论创新场域。毛泽东同志指出："没有中国共产党的坚强的领导，任何革命统一战线也是不可能胜利的。"党的领导理论在与革命实践结合中的形成和确立，指导着中国革命取得最终胜利。1954年，毛泽东同志在第一届全国人民代表大会上庄严地宣布："领导我们事业的核心力量是中国共产党。"我们党围绕在全国执政条件下谁来领导、如何领导、领导什么等问题进行了艰辛探索，逐步回答了党的领导的主体、方式和内容等基本问题，并指导社会主义建设的探索取得伟大成就。

改革开放后，邓小平同志旗帜鲜明提出四项基本原则的核心是"坚持共产党的领导"。他强调，把我们党建设成为有战斗力的马克思主义政党，必须坚持和加强党的纪律，加强思想政治工作，坚持民主集中制，等等。江泽民同志强调，党要始终代表中国先进生产力的发展要求、中国先进文化的前进方向和中国最广大人民群众的根本利益。胡锦涛同志强调，把科学发展作为检验党的执政能力与先进性建设的重要标准。新时期党的领导理论的进一步丰富和发展，指引中国改革开放事业取得举世瞩目的伟大成就。

党的十八大以来，习近平总书记创造性地提出中国共产党领导是中国特色社会主义最本质的特征，是中国特色社会主义制度的最大优势，是党和国家的根本所在、命脉所在，是全国各族人民的利益所系、命运所系；创造性提出要坚持和加强党的全面领导，必须完善党的领导体制和机制，必须勇于自我革命，必须推进全面从严治党；创造性提出以党的政治建设为统领，全面加强党的各方面建设；创造性提出新时代党的建设总要求，强调主线是加强党的长期执政能力建设、先进性和纯洁性建设；创造性地概括了新型政党制度的鲜明特点，强调协商民主是我们独特的、独有的、独到的民主形式；等等。这些重要论断科学概括了党的领导的根本要求、实践路径和目标指向，深刻揭示了党的领导理论中最具根本性的问题，有力推动了党和国家事业取得历史性成就、发生历史性变革。

始终坚持人民群众历史主体地位

坚持人民群众历史主体地位，是马克思主义政党区别于其他政党的显著标志。在不同历史时期，从坚信“人民是历史的创造者”，到强调“以人为本”的科学发展观，再到新时代提出“人民至上、生命至上”的价值理念，作出“江山就是人民、人民就是江山，打江山、守江山，守的是人民的心”的政治论断，坚持“以人民为中心”的发展思想，人民群众主体地位始终受到高度重视。从毛泽东同志作出“战争的伟力之最深厚的根源，存在于民众之中”的重要论断，到邓小平同志强调“农村改革中的好多东西，都是基层创造出来的”，再到习近平总书记提出“依靠人民创造历史伟业”，不断丰富发展着唯物史观关于人民创造历史的基本原理。从战争年代追求翻身解放的需要，到建设和改革年代追求物质和文化生活的需要，再到新时代追求美好生活的需要，人民需要理念在内涵、层次与标准上不断得到提升。从依靠人民监督跳出历史周期率的延安“窑洞对”，到“以人民群众是否满意”作为改革举措成败得失的检验标准，再到提出“时代是出卷人，我们是答卷人，人民是阅卷人”，中国共产党人接受人民评判与监督的思想自觉在不断增强。从毛泽东同志提出“从群众中来，到群众中去”，到新时期重申群众路线，再到习近平总书记注重问计于民、问需于民，强调学会通过网络走群众路线，提出“中国共产党根基在人民、血脉在人民、力量在人民”，中国共产党人坚持与践行群众路线的态度一以贯之、堪称楷模。

一百年来，中国共产党人始终坚守“全心全意为人民服务”的根本宗旨，始终把握“依靠人民”与“为了人民”的紧密结合，在坚持与继承的前提下不断推进马克思主义群众史观的创新与发展，极大地强化了党的思想建设的价值立场，为深化党同人民的血肉联系、持续获得人民群众的真心拥护与大力支持、顺利实现自身历史使命增添了强大精神动力。

在百年奋斗历程中，中国共产党立足于加强党的建设全局，始终高度重视党的思想理论建设，聚焦事关党、国家、民族和人民前途命运与根本利益的根本问题，在信仰信念、发展道路、领导力量、依靠力量这些重大支点性问题上不断推进理论创新，以创新理论成果凝聚共识、统一思想，指导实践、引领变革，从而不断创造出彪炳史册的人间奇迹。

（《红旗文稿》2021 年第 15 期）

充分把握党的创新理论的科学指导作用

习近平新时代中国特色社会主义思想，是新时代中国共产党的思想旗帜，是国家政治生活和社会生活的根本指针，是引领中国、影响世界的当代中国马克思主义。走在新时代的壮丽征程上，要完成新时代赋予的历史使命，必须充分发挥这一伟大思想的科学指导作用。

一是在武装头脑中统一思想。马克思主义认为，整体是兼具同一性和差异性的各部分按照特定的层次和结构组成的有机系统，是相对于个体而言的；由于出身背景、成长环境、受教育程度等的不同，众多个体必然在需求上呈现出多样化、差异性，这种差异性折射在社会生活中必然会衍生出不同的经济、政治、文化诉求等。为保持整个社会的和谐稳定、团结统一的局面，就必须从差异性这一现实基础出发，采取合乎实践逻辑与认识发展规律的手段与途径，强化思想引导，增进整体认同，统一思想认识。

当前，我们正处在一个大发展大变革大调整的时代。随着社会结构、经济体制、思想观念、利益格局的深刻变革，经济成分多样化、组织形式多样化、就业方式多样化、利益关系和分配方式多样化趋势更加明显。在多元中立主导、在多样中谋共识、在多变中求统一，进而达成广泛的思想共识、巩固全党全国人民团结奋斗的共同思想基础，比以往任何时候都更加迫切。

习近平新时代中国特色社会主义思想，在指引党和国家统揽“四个伟大”的历史进程中，展现出强大的真理力量和独特的思想魅力，得到了全党全国各族人民高度的政治认同、思想认同、情感认同，成为凝聚中国人民勠力同心、奋勇前进的精神之魂。在新征程上必须毫不动摇坚持这一伟大思想，画好最大同心圆，找到最大公约数，团结一切可以团结的力量，调动一切可以调动的积极因素，为实现中华民族伟大复兴的中国梦提供最广泛、最强大、最持续的力量支持。

二是在保持忧患中坚定信心。人具有主观能动性，包括知识、情感、意志三个方面，某种特定的精神状态就是其中的重要因素。马克思主义者是务实的理性主义者，始终保持忧患意识，始终保持清醒头脑，凡事往好处想，从坏处准备。强调机遇潜藏着风险，忧患孕育着生机，二者在充分发挥人的主观能动性的条件下可以相互转化。马克思主义者也是理想主义者，具有革命乐观主义精神，坚信只要坚持尊重客观规律与发挥主观能动性有机结合，就一定能够不断取得实践的成功。

新时代坚持与发展中国特色社会主义的前进道路并不平坦，还有许多“雪山”“草地”需要跨越，还有许多“娄山关”“腊子口”需要征服。从国际看，世界正经历百年未有之大变局，新冠疫情影响广泛深远，经济全球化遭遇逆流，世界进入动荡变革期。从国内看，我国发展不平衡不充分问题仍然突出，重点领域关键环节的改革任务仍然艰巨，推进高质量发展、贯彻新发展理念、构建新发展格局任务繁重，生态环保任重道远，民生保障还存在短板，社会治理还有弱项等。这些短板弱项，都是我们前进路上必须越过的难关险隘。

习近平新时代中国特色社会主义思想的精神特质，既坚持务实的理性主义，始终保持强烈的忧患意识，又洋溢着革命乐观主义，始终坚定中国特色社会主义道路、理论、制度、文化自信，是我们成功闯关夺隘的行动指南和精神指引。党的十八大以来，在这一思想指引下，我们党和国家事业取得的历史性成就、发生的历史性变革，极大提振了人民群众对走中国特色社会主义道路的自信心自豪感。因此，必须坚持用这一科学理论全面、辩证、长远地看待当前的困难、风险、挑战，坚持把学好用好这一伟大思想作为在新征程上坚定信心、激发斗志的根本遵循，积极引导全党全社会增强信心，努力在危机中育先机、于变局中开新局，坚定不移把新时代中国特色社会主义事业推向前进。

三是在认识世界中指导实践。马克思主义不仅致力于解释世界，更致力于改造世界。认识世界是改造世界的前提，改造世界是认识世界的动力与目的。只有科学地认识世界，才能有效地改造世界。只有有效地改造世界，才能体现认识世界的价值。知与行的统一是具体的、历史的，知行合一是马克思主义理论的基本特征，也是中国共产党领导人民取得革命、建设与改革胜利的宝贵经验。

当前，我们正前所未有地接近实现中华民族伟大复兴的目标，但实现这一目标需要我们付出更加艰苦的努力。一方面，还需要在认识世界方面继续付出努力。新的时代之问与实践之问在不断提出，需要及时作出科学认识、正确判断与准确把握。另一方面，更需要在改造世界方面持续发力，特别是要注重克服那些阻碍实践活动的不良行为。

习近平新时代中国特色社会主义思想既讲是什么、为什么，又讲怎么看、怎么办；既部署“过河”的任务，又指导解决“建桥或造船”的问题，是指导实践、推动工作的“百科全书”。为此，必须深刻领会蕴含在这一思想中的马克思主义立场、观点、方法，大力弘扬蕴含在这一思想中求真务实、真抓实干的优良作风，不断提高战略思维、历史思维、辩证思维、创新思维、法治思维、底线思维能力，坚决反对形式主义、官僚主义等不良风气，自觉把本地区本部门工作融入党和国家事业发展大局，在知行合一中建功新时代。

四是在批判错误中追求真理。真理是人们对客观事物及其规律的正确反映，谬误则相反。真理和谬误是对立统一的关系，马克思主义哲学认为，真理是客观存在的，但它的表现形式是主观的。为了坚持真理、发展真理，就必须同谬误作斗争，由此开辟广阔的道路。

当前，我国意识形态领域斗争形势尤为严峻复杂：从国际上看，思想文化领域斗争深刻复杂，一些西方思潮企图混淆视听、颠倒黑白；从国内看，如果不加以正确引导，从学理上揭示出错误思潮的实质与危害，就很可能给党和国家事业的发展带来危害。

习近平新时代中国特色社会主义思想，在坚持什么、反对什么上旗帜鲜明、正本清源，廓清了一系列大是大非，集中体现了我们党的政治意志、政治立场、政治主张，为抵制错误思想的侵袭提供了坚强学理支撑。新时代，必须坚持用这一科学理论认识与观察世界，不断深化对共产党执政规律、社会主义建设规律、人类社会发展规律的认识，在追求真理的道路上坚定前行；坚持用这一伟大思想提升政治敏锐性和政治鉴别力，对所谓的“历史虚无主义”等错误论调始终保持警惕，旗帜鲜明支持正确思想言论，旗帜鲜明反对和抵制错误观点。

五是在立足现实中引领未来。现实是未来的基础，未来是理想的现实。从立足现实来看，通达社会现实的道路乃是历史唯物主义的生命线，只有立足于现实实践，才能不断揭示、切中社会现实，进而把握社会现实的本质性内容。引领未来，就是要通过努力奋斗、不懈奋斗，一步一个脚印实现阶段性目标，建设社会主义现代化强国，实现中华民族伟大复兴的中国梦，进而实现共产主义。

展望未来，我国发展仍然处于重要战略机遇期，但机遇和挑战都有新的变化。国际形势动荡复杂，不稳定性不确定性更加凸显，对正确把握未来发展方向提出了更高要求。随着我国社会主义从初级阶段向着更高阶段迈进，面临的新情况新问题也会越来越多。

习近平新时代中国特色社会主义思想既强调立足中国特色社会主义初级阶段基本国情谋划各项工作，又坚定实现共产主义的远大理想不动摇，并在实际工作中将二者有机结合起来。它把对未来发展的全新谋划展望与立足于新时代的客观实际有机统一起来，科学规划了中华民族伟大复兴的实现路径和战略安排，科学回答了当代中国向何处去等重大问题，为中国未来发展指明了前进方向。奋进新征程，必须毫不动摇坚持这一思想的“主心骨”“定盘星”作用，坚持站在时代前沿和战略全局观大势、谋大事，坚持以更宽广的视野、更长远的眼光来思考和把握未来发展面临的一系列重大问题，不断提高应对各种风险挑战的能力，集中精力办好自己的事情，不断开辟党和国家事业发展崭新境界。

（《人民政协报》2021 年 7 月 26 日第 10 版）

强基固本的战略举措

加强党的建设，首要任务是加强思想政治建设，关键是教育管理好党员、干部。中央作出在全体党员中开展“两学一做”学习教育的重要决定，把全面从严治党落实到每个支部、每名党员，可谓抓基层、强基础、利整体、利长远的战略举措。

思想政治建设抓到基层具有重要意义

关于党的自身建设，我们党从革命、建设和改革的长期实践中，得出一个根本判断，这就是：治国必先治党，治党务必从严。党的十八大以来，习近平总书记基于党的建设面临的新形势新要求新任务，旗帜鲜明地提出了全面从严治党的重要思想。历史使命越光荣，奋斗目标越宏伟，执政环境越复杂，我们就越要从严治党。推动全面从严治党，涉及党的建设的各个环节和领域，而思想政治建设在党的建设中占据基础性和先导性的地位。实践证明，针对领导干部，开展党的群众路线教育实践活动和“三严三实”专题教育，采用集中性教育方式，着力纠正思想上、作风上存在的突出问题，对于加强党的思想政治建设，确实起到了教育警醒作用、补钙壮骨作用、凝魂聚气作用。这种方法是可行的，收效是显著的。

但是也必须看到，党的基层建设状况如何，关系着党的路线方针政策能否落到实处，关系着能否汇聚起实现“两个百年”奋斗目标和中国梦的强大力量，关系着能否保持党同人民群众的血肉联系。因此，巩固前一阶段党内集中性教育的成果成效，营造积极向上、干事创业、风清气正的良好政治生态，需要顺势而为，乘势而进，把积累的好经验好做法在更大范围内运用起来，推动全面从严治党向基层延伸。这就需要：一是把党内教育从“关键少数”引向广大党员；二是把集中性教育向经常性教育延伸，把党的思想政治建设抓在日常、严在经常。要看到，把党内教育从“关键少数”引向广大党员，体现的是强基固本的考虑。从中国共产党的特性看，深入基层、扎根基层、动员基层，是其保持强大行动能力的根本所在。把集中性教育向经常性教育延伸，体现的是对党建规律的把握。党的基层组织和广大党员的分布，点多线长面广，其思想状况、认识程度、生产生活方式多样，因此，面向基层抓思想政治建设，重要的是打“持久战”。

思想政治建设抓到基层需要坚持问题导向

问题是时代的声音。必须认识到，中央作出“两学一做”的安排，也是具有强烈的问题意识的。直面问题、分析问题、解决问题历来是我们党的一大特色和优势。基于问题导向，“两学一做”学习教育就是要着力解决影响党肌体健康的突出问题。习近平总书记指出，要突出问题导向，学要带着问题学，做要针对问题改，把合格的标尺立起来，把做人做事的底线划出来，把党员的先锋形象树起来，用行动体现信仰信念的力量。

党的十八大以来，我们党着力解决管党治党失之于宽、失之于松、失之于软的问题，广大党员干部在思想上不断接受洗礼和冲击，在行为上不断得到荡涤和规约，在“四个全面”“五大发展理念”的指引下，在“两个百年”目标的激励下，党内正能量升腾，主旋律强劲，齐心协力共同实现中华民族伟大复兴中国梦的精气神十分充盈。但是，也正是因为有了这样的大激荡、大检阅，大浪淘沙，一些党员的问题也暴露出来了。例如，有的党员忘记了初心，不愿继续前进；有的党员理想信念模糊动摇，马克思主义的信仰不坚定，共产主义的理想不坚实；有的党员党的意识淡化，忘记了自己的党员身份；有的党员宗旨观念淡薄，全心全意为人民服务不过是挂在嘴上的一句空话；有的党员精神不振，对改革开放和现代化建设事业缺乏参与意识、责任意识、担当意识；更有一些党员道德堕落，操守不保。凡此种种，都足以警醒全党，在"两学一做"学习教育中，要切实把这些问题暴露出来，剖析出来，下大力气解决。正因为如此，"两学一做"学习教育明确要求，着力解决一些党员理想信念模糊动摇的问题，着力解决一些党员党的意识淡化的问题，着力解决一些党员宗旨观念淡薄的问题，着力解决一些党员精神不振的问题，着力解决一些党员道德行为不端的问题。

思想政治建设抓到基层必须突出工作重点

历史和经验都告诉我们，党的建设必须突出重点、抓住要点，只有这样才能举一反三，由此及彼，纲举目张，收到显效。党的思想政治建设也不例外。党的十八大以来，以习近平同志为总书记的党中央，形成了一系列从严治党新思路，为党的思想政治建设指明了方向和遵循。在基层开展"两学一做"学习教育，必须突出工作重点：进一步坚定理想信念，提高党性觉悟；进一步增强政治意识、大局意识、核心意识、看齐意识，坚定正确政治方向；进一步树立清风正气，严守政治纪律政治规矩；进一步强化宗旨观念，勇于担当作为。四个"进一步"，旗帜鲜明地回答了一个共产党员只有在思想政治上具备了哪些素质才可以成为一个合格的共产党员这样一个根本性的问题。"两学一做"学习教育之所以从这些方面抓思想政治建设，背后有着深远的意义。

理想信念是共产党人的精神之"钙"。身体缺钙，身体会得软骨病；思想缺钙，思想会得软骨病。不管是领导干部还是普通党员，只要不注重政治理论学习，不注重思想政治工作，都有缺钙的危险，都有补钙的需要。对于领导干部来说，缺钙的危险主要来自权力、金钱等的诱惑；对于普通党员来说，缺钙的危险主要来自身份的忘记、觉悟的丧失，泯然于众人之中而不自知。每一名党员、干部特别是各级领导干部，都要把理想信念作为照亮前路的灯、把准航向的舵。因此，在"两学一做"学习教育中，如何进一步坚定绝大多数基层党员的理想信念，唤起他们的党员意识，提高他们的党性觉悟，是需要认真对待的严肃问题。

基层党员是否具备政治意识、大局意识、核心意识、看齐意识，不是一件可有可无、无关紧要的事。任何党内一分子，都有责任有义务不断增强政治意识、大局意识、核心意识、看齐意识，不具备这四种意识，就是不合格党员。

关于清风正气，从营造健康政治生态的角度看，"关键少数"无疑应当担负关键责任，但"绝大多数"也必须担当起多数义务。他们的一言一行、一举一动，构成了全国乃至全世界人民评判中国共产党的重要依据。

全心全意为人民服务是中国共产党的根本宗旨。从全面从严治党要求来看，任何党员都有责任有义务强化宗旨观念，勇于担当作为。我们要永远保持建党时中国共产党人的奋斗精神，永远保持对人民的赤子之心。无论什么样的党员，无论他在什么岗位上，只要具有党员身份，就应当切实强化宗旨观念。

总之，"两学一做"学习教育，要把全面从严治党落实到每个支部、每名党员。我们有理由期待，这必将推动我们党在思想政治建设上前进一大步，保证全党始终在思想上政治上行动上同党中央保持高度一致，使我们党始终成为有理想、有信念的马克思主义政党。

（《经济日报》2016 年 8 月 4 日第 13 版）

第四章

总揽全局与引领航向

“四个伟大”是完整严密的科学体系

习近平总书记在党的十九大报告中指出：伟大斗争，伟大工程，伟大事业，伟大梦想，紧密联系、相互贯通、相互作用，其中起决定性作用的是党的建设新的伟大工程。这是党的文献中第一次把“四个伟大”作为一个整体进行全面系统的阐述，具有重大的理论意义和实践意义。“四个伟大”是以习近平同志为核心的党中央理论创新、实践创新的重大成果展示，也是新时代党中央治国理政的总体架构和总坐标。

“四个伟大”是一个紧密联系、不可分割的有机整体：它们相互促进、相得益彰，集中揭示了我们党正在做的事情和将要做的事情，深刻回答了新时代我们党的历史使命是什么、怎么样实现等问题。纵观党和国家的历史性变革，正是在中国共产党的正确领导下，通过进行具有许多新的历史特点的伟大斗争所取得的，是由党的建设新的伟大工程来保障的，是沿着中国特色社会主义伟大事业的道路坚定前进的，是在中华民族伟大复兴中国梦的感召下全国人民共同努力的结果。这其中，伟大斗争是总策略，伟大工程是总统领，伟大事业是总路径，伟大梦想是总目标，分别从基本手段、政治保证、路径选择、愿景目标这四个方面予以定位，从而构成一个完整严密的科学体系。

伟大斗争是基本手段，回答了应对与克服前进道路上的挑战与风险的策略问题

矛盾无处不在、无时不有，有矛盾就会有斗争。习近平总书记强调，“我们党要团结带领人民有效应对重大挑战、抵御重大风险、克服重大阻力、解决重大矛盾”。这“四个重大”的论断揭示了我们前进道路上的曲折性和艰巨性，也揭示了进行伟大斗争的必要性与重要性。中华民族伟大复兴的目标越是临近、党的建设越是成就显著、中国特色社会主义事业越是发展壮大，我们面临的挑战和风险就越大，遭遇的阻力和矛盾就越多，就越需要进行具有许多新的历史特点的伟大斗争。进行伟大斗争就是为了在前进道路上能披荆斩棘、扫清障碍，这既是一种居安思危、知危图安的精神状态，也是一种勇于直面挑战与风险的战略智慧。

伟大斗争为伟大梦想开辟道路。伟大梦想的实现不是一蹴而就的，历史已经证明，实现这一伟大目标的过程，注定是一个不平凡的过程，正如习近平总书记所说，“中华民族伟大复兴，绝不是轻轻松松、敲锣打鼓就能实现的”，其中充满着无数艰难险阻、风险考验，来自国际上的“围追堵截”，来自国内的“干扰迷惑”，使得中国共产党在实现这一伟大目标的征程中已经付出了许多斗争努力。只有进行伟大斗争，同那些损害中华民族利益、阻碍中华民族团结的行为作斗争，同阻截中华民族伟大复兴进程的行为作斗争，才能够为民族复兴的伟大梦想开辟道路。

伟大斗争为伟大工程扫清障碍。全球化、市场化、信息化社会条件下，实施党的建设新的伟大工程，面临许多新的深刻的问题：如何进一步赢得意识形态工作的领导权和主导权，如何进一步激发党员干部干事创业的积极性，如何打赢反腐败这场攻坚战和持久战，如何彻底纠正“四风”，等等。解决好这些问题必然是一个深刻而复杂的长期过程。对于我们党而

言，要时刻准备应对执政考验、改革开放考验、市场经济考验、外部环境考验“四大考验”，时刻准备战胜精神懈怠危险、能力不足危险、脱离群众危险、消极腐败危险“四种危险”。只有全党以攻坚克难的态度和行动，进行伟大斗争，经受住“复杂环境”的考验，才能实施好党的建设新的伟大工程。

伟大斗争为伟大事业化解风险。中国共产党团结带领全体人民所推进的中国特色社会主义伟大事业，已经取得了举世瞩目的伟大成就。但是，中国特色社会主义事业不是一马平川，也不会一劳永逸，前进路上，还面临着许多可见或不可见的风险挑战。如果说改革开放以来，我们走过了中国特色社会主义的前半程的话，那么在未来的日子里，我们还必须走好中国特色社会主义的后半程。前半程是曲折的、不平凡的，后半程更加曲折、更加不平凡。如何更好地探索和运用人类社会发展规律、社会主义建设规律和共产党执政规律，如何更好地坚持社会主义的基本原则，使中国特色与社会主义进一步有机结合，如何在新的历史条件下治理社会主义社会，如何使中国特色社会主义在各方面更加成熟定型，如何消除“成长的烦恼”、缓解“转型的阵痛”，等等，都需要进行伟大斗争。进行具有许多新的历史特点的伟大斗争，积极应对来自各方面的风险和挑战，既不走封闭僵化的老路，也不走改旗易帜的邪路，才能为中国特色社会主义事业的顺利推进创造有利条件。

伟大工程是政治保证，回答了实现历史使命的领导主体问题

治国必先治党，治党务必从严，这是中国共产党在自身建设上得出的深刻而伟大的经验。党的十八大以来，以习近平同志为核心的党中央旗帜鲜明地提出全面从严治党，把党的建设新的伟大工程推上了新的台阶。“四个伟大”中起决定性作用的是党的建设新的伟大工程，这是因为中国

共产党是伟大事业、伟大斗争、伟大梦想的领导主体：推进伟大事业，离不开党这个坚强领导核心；进行伟大斗争，离不开党这个全国人民的主心骨；实现伟大梦想，更离不开党这个永远走在时代前列的先锋。打铁必须自身硬。党要团结带领人民进行伟大斗争、推进伟大事业、实现伟大梦想，必须毫不动摇坚持和完善党的领导，毫不动摇把党建设得更加坚强有力。

伟大工程为伟大梦想集聚力量。中国共产党成立以后，中华民族正式开启了走向伟大复兴的历史征程，伟大梦想才由空想、幻想一步步变为现实，才由黑暗走向光明。今天，我们比历史上任何时期都更接近、更有信心和能力实现中华民族伟大复兴的目标。迈入新时代的中国共产党，能否担负起历史重任，实现惊人的一跃，最终实现民族复兴的伟大梦想，关键就在于党这根“主心骨”是否有力量，其根本出路就在于通过建设新的伟大工程，建成一个目标统一、组织严密、坚强有力的马克思主义政党。中国共产党具有崇高的理想信念、科学的理论指导、先进的阶级基础和广泛的群众基础，能最大限度地调动全国人民的积极性主动性，最大限度地汇聚起强大的力量。只有我们党把自身建设好、建设强，全国各族人民才能在民族复兴的道路上阔步前行。

伟大工程为伟大斗争保驾护航。习近平总书记指出，进行具有许多新的历史特点的伟大斗争，关键在党，关键在人。进行具有许多新的历史特点的伟大斗争绝不是一句简单的口号，而是要体现为实际行动。同腐败现象作斗争、同利益固化作斗争、同西方渗透作斗争、同错误思想作斗争、同霸权主义作斗争、同分裂势力作斗争，需要找准斗争对象、选准斗争方式、掌握斗争技巧、把握斗争方向，需要非凡的政治勇气开疆辟土，需要卓越的政治智慧指点迷津，需要坚强的政治定力进行到底，归根结底要依靠中国共产党的保驾护航。只有把党建设得更加坚强有力，确保我们党永葆旺盛生命力和强大战斗力，我们党才能带领人民成功应对和化解各种风险挑战、矛盾阻力。

伟大工程是伟大事业的制胜法宝。中国共产党的领导是中国特色社会主义最本质的特征，是中国特色社会主义制度的最大优势。中国革命、建设、改革的历史证明，中国特色社会主义事业之所以能取得一个又一个胜利，最根本的原因是坚持党的领导。党的十八大以来，全面从严治党，以“全”和“严”的要求管党治党，树立起党的良好形象和权威，为推进中国特色社会主义事业凝聚起强大的正能量，汇聚起党心民心的磅礴力量。只有建设好伟大工程，把我们党建设得更加坚强有力，新时代社会主义事业的发展势头才能强劲有力。

伟大事业是必由之路，回答了实现历史使命的道路选择问题

习近平总书记强调，中国特色社会主义，是科学社会主义理论逻辑和中国社会发展历史逻辑的辩证统一，是根植于中国大地、反映中国人民意愿、适应中国和时代发展进步要求的科学社会主义，是全面建成小康社会、加快推进社会主义现代化、实现中华民族伟大复兴的必由之路。1978 年，我们党发出了走自己的路、建设中国特色社会主义的伟大号召。从那以后，我们党团结带领全国各族人民坚定不移沿着中国特色社会主义道路前进。短短几十年间，我们在经济、政治、文化、科技、国防等领域创造了令世人惊叹的“中国奇迹”，迎来了从站起来、富起来到强起来的伟大飞跃。中国特色社会主义是近代以来中国社会发展的必然选择，也是发展中国、造福人民的正确选择。实现伟大梦想、进行伟大斗争、建设伟大工程都必须坚持和发展中国特色社会主义，坚定不移走中国特色社会主义道路。

伟大事业是实现伟大梦想的人间正道。道路问题是关系党的事业兴衰

成败第一位的问题，道路就是党的生命。道路选择正确，梦想就前途似锦；道路选择错误，梦想就日暮穷途。1840年鸦片战争以来，面对积贫积弱的社会现实，洋务派提出“中体西用”的主张，康有为、梁启超拿出“维新变法”的方案，孙中山喊出“振兴中华”的口号，洋务运动、戊戌变法、辛亥革命等都曾为民族独立和人民幸福作出了艰苦的探索，但都未能改变中华民族的命运。究其根源，就在于没有找到实现民族复兴的正确道路。历史已经证明，中国共产党之所以能够取得新民主主义革命、社会主义革命的胜利，创造出改革开放的瞩目成绩，根本原因就是走出了一条符合中国国情的中国特色社会主义道路。实现中华民族伟大复兴就必须坚持和发展中国特色社会主义，中国特色社会主义道路是创造人民美好生活、实现伟大梦想的唯一正确道路，而最终实现的伟大梦想也必将留下中国特色社会主义的深刻烙印。

伟大事业是进行伟大斗争的康庄大道。坚定道路自信、理论自信、制度自信、文化自信，是以习近平同志为核心的党中央提出的郑重要求，也是全党全国各族人民必须牢牢坚持的斗争底线。一定意义上说，不断夺取伟大斗争新胜利，坚持“四个自信”是先决条件。中国特色社会主义道路是实现社会主义现代化、创造人民美好生活的必由之路，为伟大斗争指引正确道路；中国特色社会主义理论体系是指导党和人民实现中华民族伟大复兴的正确理论，为伟大斗争提供理论先导；中国特色社会主义制度是当代中国发展进步的根本制度保障，为伟大斗争提供行为规范与制度保障；中国特色社会主义文化是激励全党全国各族人民奋勇前进的强大精神力量，为进行伟大斗争提供价值引领与精神动力。

伟大事业是建设伟大工程的宽广舞台。党和人民事业发展到什么阶段，党的建设就要推进到什么阶段。在推进伟大事业的宏伟历史中，党的建设必须跟进，也大有可为。建设新的伟大工程是为推进伟大事业服务的，全面推进党的政治建设、思想建设、组织建设、作风建设、纪律建设，把制度建设贯穿其中，深入推进反腐败斗争，从根本上说都是为了坚持和发展中国特色社会主义。我们党全面从严治党的成效怎样，党的建设质量怎样，党的执政本领怎样，都可以从中国特色社会主义事业发展的实际状况中寻找答案，都要在中国特色社会主义伟大事业中经受考验。中国特色社会主义伟大事业为我们党提供了施展执政能力的宽广舞台，使我们党永葆青春活力、永远走在时代前列。

伟大梦想是愿景目标，回答了中华民族从站起来、富起来到强起来的使命问题

实现中华民族伟大复兴是近代以来中华民族最伟大的梦想。近代以来，实现民族复兴的梦想始终萦绕于每一位中国人的心间，承载了全体中华儿女的共同向往，昭示着国家富强、民族振兴、人民幸福的美好夙愿。一部中国近代史，就是一部中华民族深陷命运低谷的屈辱史、苦难史。直到 1921 年 7 月中国共产党走上历史舞台，中国的命运才发生了根本转变。不难看出，伟大梦想是近代以来中华民族生生不息、执着追求的愿景目标。它犹如一盏明灯，照亮了伟大斗争、伟大工程、伟大事业的道路，指引着中国人民的前进方向。

伟大梦想是伟大斗争的精神引领。实现中华民族伟大复兴，是中国共产党孜孜以求的伟大奋斗目标。只有紧紧扭住这个总目标，牢记我们的最终目的是什么，才能在面对各种“伟大斗争”时，科学分析形势，准确把握对象，牢牢站稳立场，不动摇，不折腾，不懈怠，问题一个一个地解决，困难一个一个地克服，扎扎实实向既定目标前进。与以往相比，现阶段伟大斗争是在全面建成小康社会决胜阶段、中国特色社会主义发展关键时期进行的斗争，其出发点和落脚点在于实现中华民族伟大复兴的中国

梦。中国梦以其强大的感召力和凝聚力引领伟大斗争在正确的方向平稳航行，确保具有许多新的历史特点的伟大斗争不偏航、不越线、不变形。

伟大梦想为伟大工程指引前进方向。不忘初心，方得始终。中国共产党人的初心和使命，就是为中国人民谋幸福，为中华民族谋复兴。中国共产党自成立之日起就把实现伟大复兴当作自己的历史使命，中国共产党的历史，实际上就是党带领全国各族人民探索中华民族伟大复兴的历史。带领人民实现民族复兴，是我们党对人民的庄严承诺，是全国各族人民对我们党寄予的深切期望。实现中华民族伟大复兴的伟大梦想犹如一面精神旗帜，深深扎根于中国共产党人的心间，始终指引着中国共产党以永不懈怠的精神状态和一往无前的奋斗姿态开展党的建设新的伟大工程。

伟大梦想为伟大事业提供愿景目标。经过改革开放以来的发展，中国特色社会主义事业来到了新的历史起点，已经进入从主要解决“发展起来”的问题，到既要解决“发展起来”的问题又要解决“发展起来以后”的问题的阶段。解决“发展起来”的问题与解决“发展起来以后”的问题，任务是无比艰巨复杂的。艰巨和复杂的中国特色社会主义事业就更加需要愿景目标提振信心，就更加需要愿景目标推动前行。中华民族伟大复兴的中国梦以其强烈的民族情感和历史色彩表达了中华儿女的美好愿望，把一个抽象化的社会主义理论体系变得真实可感、亲近可知，为坚持和发展中国特色社会主义注入了新内涵，为不断书写出中国特色社会主义的精彩华章提供了目标引领。

（《中国党政干部论坛》2017 年第 12 期）

坚持中国共产党的坚强领导

在庆祝中国共产党成立100周年大会上，习近平总书记以深邃的历史眼光和高瞻远瞩的宏大视野，站在党和人民事业发展全局的战略高度，把“坚持中国共产党坚强领导”作为“九个必须”之首提出来，深刻回答了中国共产党“为什么能够成功”“未来怎样才能继续成功”这一重大问题，为坚持并不断完善党的全面领导提供了行动纲领和根本遵循。

从以史为鉴看，四个“伟大成就”得益于中国共产党的坚强领导。中国共产党的坚强领导是党和人民事业发展的决定性因素，关乎事业成败、关乎前途命运。近代以来在各种救国方案轮番失败的情势下，历史和人民选择中国共产党以新的思想引领救亡运动、以新的组织凝聚革命力量。一百年来中国共产党坚持对革命、建设和改革的坚强领导，团结带领中国人民完成了近代各种政治力量都没有完成的历史使命，创造了四个“伟大成就”，推动中华民族实现了三次“伟大飞跃”。

中国共产党的坚强领导在革命、建设和改革历史进程中焕发出强大政治领导力，使新民主主义革命一次又一次转危为安，使社会主义革命和建设能够根据中国国情在探索中前行，使改革开放和社会主义现代化建设得以开创与推进，使新时代中国特色社会主义发生历史性变革，为创造四个“伟大成就”提供了正确的方向指引和坚定的道路抉择。中国共产党的坚强领导在革命、建设和改革历史进程中焕发出强大思想引领力，使百年来党和人民事业在马克思列宁主义和马克思主义中国化理论创新成果指导下不断从胜利走向胜利，使一代又一代中国共产党人在不断丰富发展的精神谱系激励下奋勇前进，为创造四个“伟大成就”提供了科学的理论指导和强大的精神动力。中国共产党的坚强领导在革命、建设和改革历史进程中焕发出强大群众组织力，始终代表最广大人民根本利益，始终与人民休戚与共、生死相依，为创造四个“伟大成就”提供了深厚的群众基础和磅礴的力量来源。中国共产党的坚强领导在革命、建设和改革历史进程中焕发出强大社会号召力，使拥护中国共产党、社会主义、祖国统一以及致力于中华民族伟大复兴的各社会阶级、阶层群众及其政治力量代表团结在党的旗帜下共同奋斗，为创造四个“伟大成就”提供了广泛的政治认同和有力的社会支持。

从理论建构看，党的坚强领导与社会主义事业兴旺发达是内在统一的。社会主义作为先进的事业必须由先进的政党来领导。马克思恩格斯指出：“在无产阶级和资产阶级的斗争所经历的各个发展阶段上，共产党人始终代表整个运动的利益。”这就指明了社会主义事业必须由共产党领导，而共产党的奋斗目标就包括社会主义。中国共产党在成立之初就把社会主义写入自己的纲领，中共一大党纲强调“党的根本政治目的是实行社会革命”，并提出“承认无产阶级专政”“生产资料，归社会公有”等社会主义主张。自那时起，中国共产党便担负起领导社会主义事业发展的历史重任。

中国共产党的坚强领导是社会主义事业兴旺发达的政治保证。毛泽东同志指出：“中国共产党是全中国人民的领导核心。没有这样一个核心，社会主义事业就不能胜利。”习近平总书记强调：“中国共产党领导是中国特色社会主义最本质的特征，是中国特色社会主义制度的最大优势。”这些重要论述深刻阐明了党的坚强领导对社会主义事业发展的决定性作用。从社会主义事业历史发展进程看，一百年来中国共产党的坚强领导贯穿于新民主主义革命、社会主义革命和建设、改革开放和社会主义现代化建设、新时代坚持和发展中国特色社会主义的全部历史过程，创造了一系列社会主义事业发展的伟大成就，使具有500年历史的社会主义主张在世界上人口最多的国家成功开辟出具有高度现实性和可行性的正确道路，让科学社会主义在21世纪焕发出新的蓬勃生机。在中国社会主义百年历史发展进程中，党和社会主义已高度融合在一起，党的坚强领导与社会主义事业兴旺发达已有机统一、相辅相成。党的领导越是坚强有力，社会主义事业越能沿着正确方向稳步前行；社会主义事业越是兴旺发达，党的领导越是坚不可摧。

从开创未来看，实现中华民族伟大复兴必须坚持中国共产党的坚强领导。实现中华民族伟大复兴是一项前无古人的伟大事业，是一项前所未有的伟大梦想。一百年来在中国共产党的坚强领导下一系列伟大成就的创造，特别是中国特色社会主义新时代伟大成就的创造，为实现中华民族伟大复兴提供了更为完善的制度保证、更为坚实的物质基础、更为主动的精神力量，推动中华民族伟大复兴进入了不可逆转的历史进程。展望第二个百年奋斗目标，必须继续坚持中国共产党的坚强领导，最重要的是坚决维护习近平总书记党中央的核心、全党的核心地位，坚决维护党中央权威和集中统一领导，为早日顺利实现中华民族伟大复兴提供强大政治保障。

只有坚持中国共产党的坚强领导，才能在百年未有之大变局中顺应时代发展潮流，深化对共产党执政规律、社会主义建设规律、人类社会发展规律的认识，始终掌握事业发展的主动，为实现伟大复兴把方向谋大局；只有坚持中国共产党的坚强领导，才能坚定不移地推进全面深化改革，不断向顽瘴痼疾开刀，突破利益固化藩篱，不断冲破思想束缚，突破体制机制障碍，不断解放和发展生产力，为实现伟大复兴定政策促改革；只有坚持中国共产党的坚强领导，才能发挥密切联系群众的最大政治优势，始终与人民想在一起、干在一起，充分激发人民群众的积极性、主动性、创造性，为实现伟大复兴聚民心汇伟力；只有坚持中国共产党的坚强领导，才能科学把握重要战略机遇期，进行具有许多新的历史特点的伟大斗争，勇于战胜国内外各种风险挑战，为实现伟大复兴守底线防风险。

（《光明日报》2021 年 8 月 18 日第 2 版）

加强党对社会主义现代化建设的全面领导

在省部级主要领导干部学习贯彻党的十九届五中全会精神专题研讨班开班式上，习近平总书记强调要加强党对社会主义现代化建设的全面领导，要求推动党对社会主义现代化建设的领导在职能配置上更加科学合理、在体制机制上更加完备完善、在运行管理上更加高效。办好中国的事情，关键在党。只有坚持和加强党的全面领导，将着力点放在把方向谋大局、定政策促改革、聚民心汇伟力、守底线防风险上，才能顺利完成党的历史使命，才能充分实现好、维护好、发展好最广大人民的根本利益。

（一）

方向决定前途命运。中国共产党领导是中国特色社会主义最本质的特征，是中国特色社会主义制度的最大优势。我们党领导社会主义现代化事业，根本是坚持正确的政治方向，“政治方向是党生存发展第一位的问题，事关党的前途命运和事业兴衰成败”；关键是坚持走中国特色社会主义道路，“既不走封闭僵化的老路，也不走改旗易帜的邪路”。现实最有说服力。一场新冠疫情就是一次历史大考，我们坚持人民至上、生命至上，进行一场惊心动魄的抗疫大战，取得抗疫斗争重大战略成果，创造了人类同疾病斗争史上又一个英勇壮举；我们统筹疫情防控和经济社会发展，率先控制疫情，率先复工复产，率先实现经济增长由负转正，成为全球唯一实现经济正增长的主要经济体……环顾全球，“中国之治”与“西方之乱”对比更加鲜明，人民群众发自内心拥护党的领导，更加深切感受到社会主义制度优越性，更加由衷地为伟大祖国感到骄傲。

大局事关事业成败。谋大局就是要正确认识党和人民事业所处的历史方位和发展阶段，说到底就是要胸怀世界百年未有之大变局和中华民族伟大复兴战略全局这“两个大局”。在新发展阶段推进中国特色社会主义现代化事业，必须放眼世界经济格局、国际政治格局、全球治理体系的复杂深刻变化，准确把握重要战略机遇期，有效应对面临的重大挑战，为全面建设社会主义现代化国家创造有利条件。实现中华民族伟大复兴，意味着在社会主义道路上实现国家富强、民族振兴、人民幸福，为人类追求和平与发展的崇高事业作出更大贡献。在胸怀“两个大局”中推进社会主义现代化建设，客观上要求全体党员尤其是领导干部对“国之大者”心中有数，深刻领会什么是党和国家最重要的利益、什么是最需要坚定维护的立场，要时刻关注党中央关心什么、强调什么。必须正确处理局部与全局的关系，把业务工作中的具体问题提升到政治大局的高度来把握，把当前任务放在现代化建设的战略部署中来运筹。

（二）

“政策和策略是党的生命。”善于聚焦问题制定政策，是我们党领导水平和执政能力的集中体现。回顾历史，中国革命、建设和改革不断从胜利走向胜利，每一步都离不开科学有效的政策制定。放眼未来，我们党领导全面建设社会主义现代化国家取得新的胜利，更加需要制定执行有效的政策。定政策应坚持符合实际与顺应民意相统一，既符合中国国情、发展阶段，又顺应人民的意愿与利益；坚持全面推进与重点突破相统一，既着眼事业全局系统谋划，又善于抓主要矛盾和矛盾的主要方面；坚持提升效率与促进公平相统一，既推动有利于提升发展效率的改革，又推动有利于促进公平的改革；坚持立足现实与着眼长远相统一，既直面现实、解决问题，又审时度势、精心谋划、超前布局。在新发展阶段推进社会主义现代化建设，定政策的基本目标是构建新发展格局，推动高质量发展。实现这一目标，关键是畅通经济循环，释放内需潜力，塑造我国参与国际合作和竞争的新优势，不断破解现代化征程中遇到的各种难题。

改革是中国共产党带领人民走“强国之路”“富民之路”的重要法宝，是决定中国命运的“关键一招”。从世界各国的经验教训来看，把握好改革的正确方向至关重要，一些社会主义国家之所以在改革中人去政息、红旗落地，就是因为放弃了党的领导。中国之所以在改革开放的历程中取得世所罕见的经济快速发展奇迹和社会长期稳定奇迹，归根到底是因为始终坚持党的正确领导。现代化进程越是推进，改革就越要深化。要敢于向顽瘴痼疾开刀，勇于突破利益固化藩篱，不断解放和发展生产力，不断冲破思想束缚，突破体制机制障碍，打通堵点、消除痛点、解决难点。要进一步发挥经济体制改革的牵引作用，减少行政审批，转变政府职能，规范市场秩序，优化营商环境，推进国家治理体系和治理能力现代化，使一切劳动、知识、技术、管理、资本的活力竞相迸发，使一切创造社会财富的源泉充分涌流。越是深化改革，就越要坚持党的全面领导。在全面建设社会主义现代化国家的新征程上，进一步健全完善党的全面领导体制机制，增强党对全面深化改革的领导能力，把稳改革的正确方向，把深化改革攻坚同促进制度集成结合起来，推进创造性、引领性改革，不断提升改革的综合效能。

（三）

社会主义现代化建设归根到底是造福人民的伟大事业，建成富强、民主、文明、和谐、美丽的社会主义现代化强国，首先要回答好“为了谁”的根本之问。

民心是最大的政治。我们党领导社会主义现代化建设的最终目标就是为了人民。“人民对美好生活的向往，就是我们的奋斗目标。”我们党之所以矢志不渝地推动社会主义现代化建设，就是在解决落后的社会生产力与人民日益增长的物质文化需要之间矛盾的基础上，致力于进一步解决人民日益增长的美好生活需要和不平衡不充分的发展之间的矛盾。开启全面建设社会主义现代化国家新征程，首先要紧紧抓住并着力解决好这个主要矛盾，紧扣民心这个最大的政治，真正使改革为了人民、发展为了人民，保证人民在现代化建设过程中有获得感、幸福感、安全感。

人民是历史的创造者。汇伟力，就是在现代化建设中紧紧依靠人民，调动和激发人民群众投身参与推进现代化的积极性、主动性、创造性，汇聚起磅礴伟力。在中国这样一个超大体量、人口众多的国家建设社会主义现代化，只有紧紧依靠人民，汇聚起团结的力量、实干的力量、奋进的力量，才能顺利完成党的历史使命，才能不断书写新篇章。在新发展阶段坚持和加强党对社会主义现代化建设的全面领导，就要紧紧依靠群众，从群众中汲取治国理政的经验智慧；就要动员群众参与，从群众中凝聚起干事创业的力量源泉；就要密切联系群众，始终与人民想在一起、干在一起。“上下同欲者胜，风雨同舟者兴。”调动一切可以调动的积极因素，团结一切可以团结的力量，激发各类市场主体和个人的创造活力，形成人人渴望成才、人人努力成才、人人皆可成才、人人尽展其才的良好局面，形成心往一处想、智往一处谋、劲往一处使的磅礴伟力。

（四）

“备豫不虞，为国常道。”当前和今后一个时期，我国发展仍然处于重要战略机遇期，发展形势总体向好，但国际形势依然复杂严峻，改革发展稳定任务依旧艰巨繁重，机遇和挑战都有新的发展变化。越是在这样的关键时期，就越要有如履薄冰的谨慎和居安思危的忧患。我们既要有防范风险的先手，也要有应对和化解风险挑战的高招；既要打好防范和抵御风险的有准备之战，也要打好化险为夷、转危为机的战略主动战。面对世界百年未有之大变局的加速演变，我们要继续进行具有许多新的历史特点的伟大斗争，在有效防范化解政治、意识形态、经济、科技、社会、外部环境、党的建设等各个方面和领域重大风险的同时，还要防范各类风险的连锁联动。防范风险第一位的任务是防住政治上的风险。“政治上的主动是最有利的主动，政治上的被动是最危险的被动。”要增强政治判断力、政治领悟力、政治执行力，对容易诱发政治问题特别是重大突发事件的敏感因素、苗头性倾向性问题，头脑要特别清醒、眼睛要特别明亮，善于把握政治逻辑，掌握防范和化解风险的主动权，及时消除风险隐患，为社会主义现代化建设提供坚强保证。

在新的征程上，全面建设社会主义现代化国家，必须统筹发展与安全。发展是安全的基础，安全是发展的条件，发展本身就是最大安全，也是解决各类风险问题的“总钥匙”。实现高质量发展和高水平安全的良性互动，需要在发展中更多考虑安全因素，不断提升国家安全体系和能力现代化，这本身就是现代化的主要内容和内在要义。统筹发展与安全的关键是维护政权安全和制度安全，要时刻把政治安全放在首要位置，同时要构建系统完备、科学规范、运行有效的各类国家安全制度体系，提高运用科学技术维护国家安全的能力，不断增强塑造国家安全态势的能力。既通过发展提升国家安全实力，又深入推进国家安全思路、体制、手段创新，营造有利于经济社会发展的安全环境，实现发展和安全的动态平衡稳定。

（《解放军报》2021年2月19日第7版）

全面推进中国式现代化关键在党

党的二十大报告明确提出："中国式现代化，是中国共产党领导的社会主义现代化。"党的领导直接关系中国式现代化的根本方向、前途命运、最终成败。2023 年 2 月 7 日，习近平总书记在新进中央委员会的委员、候补委员和省部级主要领导干部学习贯彻习近平新时代中国特色社会主义思想和党的二十大精神研讨班上，以历史与现实相观照的战略高度、国际与国内相比较的宏大视野、理论与实践相结合的政治自觉，深刻阐述了党的领导与中国式现代化的内在关系，为坚持和加强党对中国式现代化的全面领导提供了科学的理论指导和有力的实践遵循。

党的领导决定中国式现代化的根本性质

根本性质关系中国式现代化是什么、为什么和怎么办等关键问题。党的领导决定中国式现代化的根本性质，只有毫不动摇坚持党的领导，中国式现代化才能前景光明、繁荣兴盛；否则就会偏离航向、丧失灵魂，甚至犯颠覆性错误。

习近平总书记放眼人类现代化历史，强调"世界上既不存在定于一尊的现代化模式，也不存在放之四海而皆准的现代化标准"。中国共产党坚持把现代化发展放在中国自己力量的基点上，不断推进社会主义现代化，同时积极吸收人类创造的一切优秀文明成果。在新中国成立特别是改革开放以来长期探索和不懈实践基础上，经过党的十八大以来在理论和实践上的创新突破，我们党在坚持和发展中国特色社会主义的历史进程中成功推进和拓展了中国式现代化，创造了人类文明新形态。中国式现代化蕴含的独特世界观、价值观、历史观、文明观、民主观、生态观等及其伟大实践，是对西方现代化理论和实践的超越，是对社会主义现代化作出的重大贡献，拓展了发展中国家走向现代化的途径，给世界上那些既希望加快发展又希望保持自身独立性的国家和民族提供了全新选择。

党的领导彰显了中国式现代化的社会主义性质。从历史上看，人类现代化不仅在时间上有先后，而且在性质上也存在很大差异。近代中国逐步沦为半殖民地半封建社会，国家蒙辱、人民蒙难、文明蒙尘，无数仁人志士苦苦求索救亡图存、强国富民的现代化，但各种方案都以失败而告终。探索中国现代化道路的重任，历史地落在了中国共产党身上。党的理想信念、性质宗旨、初心使命，决定了中国式现代化是社会主义现代化，而不是别的什么现代化。新时代党高举中国特色社会主义伟大旗帜，坚定道路自信、理论自信、制度自信、文化自信，为中国式现代化提供了正确道路、科学指引、制度保证、精神力量，进一步强化了现代化的社会主义属性。

党的领导确保中国式现代化锚定奋斗目标

奋斗目标关系中国式现代化最终要走向哪里、走到何处的重大问题。党的领导是全面的、系统的、整体的，必须全面、系统、整体加以落实。党的领导确保中国式现代化锚定奋斗目标行稳致远。只有坚持和加强党的全面领导，才能确保中国式现代化目标不变、靶心不散、力度不减。

实现中华民族伟大复兴是百年来中国共产党团结带领人民进行一切奋斗、一切牺牲、一切创造的主题，是中国式现代化的奋斗目标，这一目标关乎民族前途和文明命运，关乎世界格局和人类进步。中国共产党坚守初心使命，坚持把远大理想和阶段性目标统一起来，接续奋斗、艰苦奋斗、不懈奋斗，取得一系列伟大成就。百年来，党团结带领人民努力奋斗，先后为实现中华民族伟大复兴创造了根本社会条件，奠定根本政治前提和制度基础，提供了充满新的活力的体制保证和快速发展的物质条件，提供了更为完善的制度保证、更为坚实的物质基础、更为主动的精神力量。历史和现实都充分证明，没有中国共产党就没有中国式现代化，就没有为推进中国式现代化而实现的一个个阶段性目标，也就没有为实现中华民族伟大复兴而取得的一个个历史性成就。

在比较视野中观察，西方国家现代化是先后在不同政治力量主导下推动的，现代化过程和目标充满诸多不稳定、不确定的因素。而中国式现代化始终是在中国共产党领导下不断推进的，从而确保现代化一以贯之地锚定奋斗目标。党的十九大、二十大已接续为中国式现代化锚定奋斗目标，擘画了未来几十年“两步走”战略安排。党百年奋斗形成并不断完善的上下贯通、执行有力的严密组织体系，为不断推进和拓展中国式现代化提供了坚强组织保障。

党的领导激发建设中国式现代化强劲动力

强劲动力是关系中国式现代化速度、质量、动能和效率的重大问题。党的领导激发建设中国式现代化的强劲动力，我们党勇于改革创新，不断破除各方面体制机制弊端，为中国式现代化注入不竭动力。

通过自我革命把党建设得更加坚强有力，为推进社会革命提供强大动力，是党百年奋斗的重要历史经验。中国式现代化涉及改革发展稳定、内政外交国防、治党治国治军等各领域、各方面、各环节。推进中国式现代化是一场长期而艰巨的社会革命，只有坚持党的自我革命，才能为社会革命提供持续不竭的强大动力。党的十八大以来，党直面大党独有难题，勇于进行自我革命，在革命性锻造中变得更加坚强有力，长期执政能力、自我革命能力得到历史性增强。新时代中国共产党具有无比坚强的领导力，是中国式现代化能够经受风高浪急甚至惊涛骇浪考验的政治保证。中国式现代化进入战略机遇和风险挑战并存、不确定难预料因素增多的时期，只有坚持和加强党的全面领导，中国式现代化才能蹄疾步稳朝着既定目标前进。

改革是生产关系、经济基础和上层建筑的自我完善，必然涉及权力与资源的优化调整及利益关系的重构。中国共产党没有任何自己特殊的利益，从来不代表任何利益集团、任何权势团体、任何特权阶层的利益，因而能够超越利益集团进行全面深化改革。党的十八大以来，我们党以巨大的政治勇气全面深化改革，突出问题导向，敢于突进深水区，敢于啃硬骨头，敢于涉险滩，敢于面对新矛盾新挑战，冲破思想观念束缚，突破利益固化藩篱，坚决破除各方面体制机制弊端，改革由局部探索、破冰突围到系统集成、全面深化，许多领域实现历史性变革、系统性重塑、整体性重构，为中国式现代化注入不竭动力源泉。面向未来，只有坚持和加强党的全面领导，才能进一步坚定改革信心，汇聚改革合力，推动全面深化改革取得更大突破，为中国式现代化注入源源不断的内生动力。

党的领导凝聚推进中国式现代化磅礴力量

磅礴力量关系中国式现代化依靠谁、为了谁这一重大问题。党的领导凝聚推进中国式现代化的磅礴力量。人民群众是推动社会历史发展的主体力量，蕴含着深厚伟力与创造活力。中国共产党来自人民、根植人民，所进行的一切奋斗都为了人民、依靠人民，从而能够赢得人民群众的支持和拥护。推进中国式现代化，必须坚持和加强党的全面领导，由此才能形成强大凝聚力，集聚起万众一心、团结奋斗的磅礴力量。

党的领导确保中国式现代化为了人民。不同于西方以资本为中心、为了少数人的现代化，中国共产党领导的中国式现代化坚持以人民为中心，是满足人民对美好生活向往的现代化。这一价值导向是中国共产党性质宗旨的集中体现，是中国式现代化的鲜明底色。在新征程上，只有坚持和加强党的全面领导，才能确保中国式现代化始终为了人民、造福人民。

党的领导确保中国式现代化依靠人民。众智谋事必明，众力举事必成。把党的正确主张变为群众的自觉行动，是党紧紧依靠人民不断攻坚克难、创造伟业的重要历史经验。中国式现代化是一项开创性、探索性事业，历史上无经验模式可以借鉴。只有坚持和加强党的全面领导，才能发挥群众路线的强大号召力、动员力、组织力，团结一切可以团结的力量，调动一切可以调动的积极因素，最大限度凝聚起共同奋斗的强大力量，汇聚起推动中国式现代化前进的磅礴伟力。

党的领导确保中国式现代化成果由人民共享。中国共产党之所以能够在不同历史时期不断凝聚起人民力量共同奋斗，从根本上讲就在于党始终代表最广大人民群众的根本利益，着力解决人民群众急难愁盼问题，让奋斗成果真正惠及全体人民。在推进中国式现代化过程中，只有坚持和加强党的全面领导，才能确保现代化成果更多、更公平地惠及全体人民，从而汇聚起同心共建中国式现代化的强大力量。

（《经济日报》2023 年 6 月 28 日第 10 版）

长期执政如何过好互联网这一关

过不了互联网这一关，就过不了长期执政这一关。中国由大国而为强国，网络强国是重要内容；中国共产党由大党而为强党，强大的网络执政能力是必备要素。党的十八大以来，以习近平同志为核心的党中央将网络安全和信息化工作提到了前所未有的新高度，这对于早日把我国建设成为网络强国，更好保障中国共产党长期安全执政，无疑具有十分重大的意义。党的十九大报告强调，“坚定不移全面从严治党，不断提高党的执政能力和领导水平”。在互联网和信息化快速发展的背景下，党的长期安全执政既面临难得机遇，又面临极大风险和考验。如何进一步提升信息网络条件下党的长期执政能力建设，过好互联网这一关，事关中国特色社会主义的前途命运。

过好互联网关必须清醒认识所面临的重大挑战

互联网给党的执政环境带来重大影响。习近平总书记在致第四届世界互联网大会的贺信中指出，当前，以信息技术为代表的新一轮科技和产业革命正在萌发，为经济社会发展注入了强劲动力，同时，互联网发展也给世界各国主权、安全、发展利益带来许多新的挑战。可以看到，随着互联网的快速发展和信息化的深入推进，互联网经济、信息经济已成为新的生产生活方式的引擎。借助互联网带来的便捷化沟通交流，人们的社会交往方式发生了根本性变化，泛在的、即时的、跨时空的交往方式开始占据主导。共同分享、广泛表达、高频互动等信息交流方式，使开放、多样的思想舆论对人们产生了越来越大的影响。如何顺应和驾驭互联网时代人们的生产方式、社会交往方式和认知方式的深刻变化，成为中国共产党必须认真对待的重大挑战。

互联网给党的执政方式带来重大影响。互联网时代整个社会的组织方式呈现出扁平化的特征，党在长期执政过程中必须适应这一新变化。从动员方式看，互联网催生的新社会阶层、新社会组织和利益主体，对传统的党组织的覆盖与动员方式提出了新挑战。从领导体系看，过去我们通过一整套的制度和机构设置并以划分职能的方式实现对经济社会事务的领导，面对互联网时代经济社会文化等各种要素日益融合的局面，出现了诸多不适应。因此，在党的十九大报告中，习近平总书记指出，要“善于运用互联网技术和信息化手段开展工作”。

互联网给党的执政安全带来重大影响。由于互联网在信息传播和技术应用上具有跨国界的特征，并且在互联网领域总体上呈现“西强我弱”的态势，互联网给我国主权安全带来了严峻挑战，也给我国意识形态安全带来严峻挑战。境内外各种势力都试图借助互联网影响重大思想舆论事件。与此同时，我国信息基础设施还比较薄弱，政府、企业和个人的大数据存储、传输、开发、使用易被攻破、泄露和获取。能否在“没有枪炮的战场”打赢“没有硝烟的战争”，事关党的思想防线能否有效守住这一重大政治问题。

过好互联网关必须高度重视网络执政能力建设

从国家长治久安的高度看待网络执政能力建设。习近平总书记指出：“以互联网为代表的信息技术日新月异，引领了社会生产新变革，创造了人类生活新空间，拓展了国家治理新领域，极大提高了人类认识世界、改造世界的能力。”互联网在促进经济全球化发展、推动社会全面进步等方面发挥着惊人的作用，其迅猛发展以及对社会生产生活的全面嵌入，也对国家的长治久安提出了新的挑战和新的课题。互联网自从接入中国，就开始对政治经济社会各方面产生深刻影响和改变，也随之产生了管理与引导互联网健康发展的问题。加强互联网建设和管理，积极引导互联网健康发展，确保网络信息安全，实现国家和社会长治久安，必然要求中国共产党从事关执政地位和长期执政的高度大力加强党的网络执政能力建设。

从抓住信息革命重大契机的高度看待网络执政能力建设。从社会发展史看，人类经历了农业革命、工业革命，正在经历信息革命。信息革命带来生产力又一次质的飞跃，对国际政治、经济、文化、社会、生态、军事等领域发展产生着深刻影响。对此，习近平总书记指出：“这是中华民族的一个重要历史机遇，我们必须牢牢抓住，决不能同这样的历史机遇失之交臂。这就是我们这一代人的历史责任，是我们对中华民族的责任，是对前人的责任，也是对后人的责任。”因此，要充分借助互联网和信息化发展的推力，切实发挥互联网在经济新常态下催生发展新动力的重要作用，切实发挥互联网对民生改善和社会事业发展的重要推动作用，努力强化网络治理能力对国家治理体系和治理能力现代化的重要推动作用。

从创新驱动发展的高度看待网络执政能力建设。当今时代，以信息技术为核心的新一轮科技革命正在孕育兴起，互联网已经成为创新驱动发展的先导力量。中国已成为名副其实的网络大国，但由网络大国走向网络强国依然任重道远。为此，需要有过硬的技术、丰富全面的信息服务、良好的信息基础设施、高素质的网络安全和信息化人才队伍，积极开展双边、多边的互联网国际交流合作等。互联网对很多领域的创新发展起到很强带动作用，给各行各业创新带来历史机遇。互联网已经成为党长期执政所要面对的“最大变量”，我们党要不断提高把握发展机遇、应对风险挑战的能力，让“最大变量”释放“最大正能量”，让互联网成为推动创新发展的全新载体。

从有效引领思想舆论的高度看待网络执政能力建设。当前，网络新媒体已经成为思想文化信息的策源地和社会舆论的放大器，群众的意愿、诉求和表达也借助网络媒介平台第一时间“发声”和涌现。这使得传统的舆论引领手段和群众工作的理念、方式、手段面临严峻挑战。特别是随着各种网络社交软件的迅速发展和广泛应用，虚拟世界的“话语权”和“干涉力”不断增强。互联网在提升执政党形象、扩大其影响力的同时，也给党的执政能力带来了前所未有的挑战和冲击。如何顺应网络新媒体的发展态势，切实提高熟练分析研判舆情信息、与网民进行有效互动、正确引导网络舆论、切实掌控网络话语权等能力，已成为新时代提高网络执政能力的重要着力点。

过好互联网关必须大力提升网络建设、管理和运用能力

大力提升网络建设能力。提升网络建设能力，关键在于掌握核心技术，提高自主创新能力。习近平总书记指出，同世界先进水平相比，同建设网络强国战略目标相比，我们在很多方面还有不小差距，特别是在互联网创新能力、基础设施建设、信息资源共享、产业实力等方面还存在不小差距，其中最大的差距在核心技术上。核心技术受制于人是我们最大的隐患。因此，要掌握我国互联网发展主动权，保障互联网安全、国家安全，就必须突破核心技术这个难题，争取在某些领域、某些方面实现“弯道超车”。要坚定不移实施创新驱动发展战略，把更多人力物力财力投向核心技术研发，集合精锐力量，作出战略性安排。提升网络建设能力，基础在于保障网络安全。习近平总书记强调，要树立正确的网络安全观，加快

构建关键信息基础设施安全保障体系，全天候全方位感知网络安全态势，增强网络安全防御能力和威慑能力。提升网络建设能力，必须抓好网络资源整合。在当今时代，整合网络资源应从四个环节上着力：一是基于网络媒介建构系统性执政资源体系，推进执政资源各要素的有机整合与协同互补；二是不断激活和传承革命、建设和改革时期积累的执政能力资源，以期扩展与提升执政运行与保障能力；三是不断开发与拓展增量型网络执政新兴资源，强化执政资源的有效性供给；四是切实推进执政能力和水平的综合创新，全面提高党的网络执政能力。

大力提升网络管理能力。网络空间是亿万民众共同的精神家园。一个清朗的网络空间，对于一个国家、社会的发展具有至关重要的意义。党的十九大报告指出，要“加强互联网内容建设，建立网络综合治理体系，营造清朗的网络空间”。提升网络管理能力，目标是建设良好的网络生态。要把网上舆论工作作为宣传思想工作的重中之重来抓，解决好“本领恐慌”问题，真正成为运用现代传媒新手段新方法的行家里手；要深入开展网上舆论斗争，严密防范和抑制网上攻击渗透行为，组织力量对错误思想观点进行批驳；要通过网络走群众路线，善于运用网络了解民意、开展工作。提升网络管理能力，重心是依法加强网络空间治理。要加强网络内容建设，做强网上正面宣传，培育积极健康、向上向善的网络文化，用社会主义核心价值观和人类优秀文明成果滋养人心、滋养社会。提升网络舆论引领能力，也是提升网络管理能力的重要内容。为此，要创新和转换话语表达形式，将宣传话语、政策话语和信息服务话语有机互动衔接，在坦诚交流中建构价值共鸣，努力打通“两个舆论场”。与此同时，面向跨国界的互联网平台，要遵循网络媒介传播规律，塑造具有中国风格和特色的话语体系，用开放、融通、科学的新概念和新表述讲好中国故事、唱响中国声音，切实提高中国国际话语权，以“中国立场、国际表达”推进意识形态话语的创新和表达。

大力提升网络运用能力。第一，要运用互联网为经济发展提供新动力。习近平总书记强调，我们要加强信息基础设施建设，强化信息资源深度整合，打通经济社会发展的信息“大动脉”。党中央对实施网络强国战略、国家信息化发展战略、国家大数据战略、“互联网+”行动计划等都作了重大部署并付诸实施，提出建设网络强国、数字中国、智慧社会，推动互联网、大数据、人工智能和实体经济深度融合。为此，要以信息流带动技术流、资金流、人才流、物资流，促进资源配置优化，促进全要素生产率提升，为推动创新发展、转变经济发展方式、调整经济结构发挥积极作用。第二，要让亿万人民在共享互联网发展成果上有更多获得感。要加大投入力度，加快农村互联网建设步伐，扩大光纤网、宽带网在农村的有效覆盖；要努力做好信息化和工业化深度融合这篇大文章，发展智能制造，带动更多人创新创业；要充分发挥互联网优势，实施“互联网+教育”“互联网+医疗”“互联网+文化”等，促进基本公共服务均等化；要加快推进电子政务，鼓励各级政府部门打破信息壁垒、提升服务效率，解决办事难、办事慢、办事繁的问题；等等。第三，要发挥信息化在国家治理体系和治理能力现代化进程中的重要作用。以信息化推进国家治理体系和治理能力现代化，统筹发展电子政务，构建一体化在线服务平台，分级分类推进新型智慧城市建设，打通信息壁垒，构建全国信息资源共享体系，更好地用信息化手段感知社会态势、畅通沟通渠道、辅助科学决策。

（《光明日报》2017年12月11日第13版）

坚持党的基本路线的深刻启示

——纪念邓小平同志诞辰 110 周年

坚持党的“一个中心，两个基本点”的基本路线，是邓小平理论最鲜明、最深刻的主题。邓小平同志在晚年思考最多、强调最多的，就是如何坚持党的基本路线不动摇。因此，党的基本路线，可以看作邓小平同志最重要的政治遗产；坚持党的基本路线不动摇，可以看作邓小平同志最重要的政治交代。系统梳理坚持党的基本路线的历史经验，结合新的时代特点继续坚持党的基本路线不动摇，对于继承邓小平同志未竟之业，在全面深化改革进程中更好地坚持和发展中国特色社会主义，无疑具有重要的理论和现实意义。

正确认识社会发展阶段是坚持党的基本路线的根本前提

对社会发展阶段的准确认识，不仅是把握社会发展规律和完成历史任务的客观基础，也是党制定正确的路线方针政策的根本前提。改革开放以来，以邓小平同志为核心的党的第二代中央领导集体，坚持和继承马克思主义的立场观点方法，创造性地提出了社会主义初级阶段的理论，为提出并坚持党的基本路线奠定了根本前提。尽管与改革开放之初相比，我国目前已经取得了举世瞩目的发展成就，但我国仍处于并将长期处于社会主义初级阶段的基本国情没有变。社会主义初级阶段论这一重大理论判断，依然是正确的、准确的。原因在于：尽管我国已经形成了经济建设、政治建设、文化建设、社会建设和生态文明建设“五位一体”总布局，但以经济建设为中心仍然是社会主义建设最重大、最基础的任务，经济建设在中国特色社会主义事业中的根本性和基础性地位没有变化。尽管我们党在坚持和完善中国特色社会主义根本政治制度和基本政治制度方面取得了巨大的进步，但要确保不走“封闭僵化的老路”和“改旗易帜的邪路”，增强政治发展的“战略定力”，确保在根本性问题上不犯颠覆性错误，必须更加着重强调“四项基本原则”。尽管改革开放使得我国总体上已不存在“该改而没有改”的问题，但随着全面建成小康社会时间节点的一步步临近，以及基本实现现代化的阶段性目标的一步步迫近，我们面临的全面深化改革的任务更加繁重而复杂，因而必须坚定不移地更高举起改革开放的大旗。正如习近平总书记所强调的：社会主义初级阶段是当代中国的最大国情、最大实际。我们在任何情况下都要牢牢把握这个最大国情，推进任何方面的改革发展都要牢牢立足这个最大实际。

准确把握社会主要矛盾是坚持党的基本路线的关键依据

社会主要矛盾事关社会发展全局、党和国家的工作大局，准确把握了社会主要矛盾，就能正确制定党的基本路线，就能有效化解与处理各种社会矛盾。改革开放之初，邓小平同志摒弃了那种把无产阶级和资产阶级的矛盾、社会主义道路和资本主义道路的矛盾当成是当前我国社会的主要矛盾的看法和做法，以实事求是的态度对我国的社会主要矛盾作出了正确的论断。1979 年邓小平同志明确指出：“我们的生产力发展水平很低，远远不能满足人民和国家的需要，这就是我们目前时期的主要矛盾，解决这个主要矛盾就是我们的中心任务。”在邓小平同志直接领导下形成的党的十三大报告明确指出："我们现阶段所面临的主要矛盾，是人民日益增长的物质文化需要同落后的社会生产之间的矛盾。"此后的历次全国党代会对此均进行了强调和确认。认清了社会的主要矛盾，就认清了我们党和国家全部工作的主攻方向和着力点，从而也就构成了坚持党的基本路线的关键依据。坚持党的基本路线，必须把握当前社会主要矛盾的新特点，必须更加关注人民群众物质文化需要的新变化。满足人民群众日益增长的物质文化需要，首要的还是要在增加供给上做文章，正确的选择只能是以经济建设为中心来推动社会全面进步；其次，满足人民群众的需要和发展社会生产是一个渐进的历史过程，必须正确处理改革发展稳定的关系，这就需要将"四项基本原则"作为根本保障；再次，改革开放是满足人民群众的需要、发展社会生产的根本途径，必须把全面深化改革作为解决社会主要矛盾的根本动力，以解放思想、解放和发展社会生产力、解放和增强社会活力。

建立健全市场经济体制是坚持党的基本路线的客观要求

实现社会主义与市场经济的有机结合，把中国特色社会主义立基于、植根于社会主义市场经济之上，是邓小平同志最富开创性的理论贡献。这一理论贡献打破了对于计划经济的迷恋，也打破了对于公有制的误读，为成就中国的"经济奇迹"打开了思想的闸门、释放了创造的活力。在当今中国，市场经济早已不是新鲜事物，但如何进一步发展、驾驭社会主义市场经济，仍然是一个重大的时代课题。社会主义市场经济越发展，就越需要牢牢坚持党的基本路线不动摇。这是因为：首先，我们强调以经济建设为中心，就决定了必须选择最有利于解放和发展社会生产力的经济运行方式；而之所以选择市场经济，就是因为实践证明它是最有效率的经济运行方式。因此，在以经济建设为中心这一思路的指引下，为更好地和最大化地发挥市场经济的作用，必然要通过市场体系建设、法治建设、政府改革等，不断健全完善社会主义市场经济体制。其次，社会主义市场经济的要义，一方面在于充分发挥市场在配置资源上的有效性，另一方面在于充分体现社会主义的基本原则。社会主义市场经济是社会主义国家搞的市场经济，它必然要服务于社会主义国家的性质，服务于广大人民群众的根本利益，体现出社会主义的内在和本质规定性。因而坚持四项基本原则体现在经济领域，就必然要求进一步健全完善市场经济体制，使之更好地服从和服务于社会主义，确保市场经济的社会主义方向。再次，历史和现实都表明，实现社会主义与市场经济的有机结合，既不可能一蹴而就，也不可能一劳永逸。一方面，处于初级阶段的社会主义，在体制机制上有许多不健全不完善的地方，只有进行全面而深化的改革，才能为市场经济奠定良好的基础、营造良好的环境；另一方面，随着经济社会的不断发展和科学技术的不断进步，市场经济的运行机理也在发生深刻变化，建设体系健全、运行良好的市场经济体制，也需要进行全面而深化的改革。

积极顺应人民群众新期待是坚持党的基本路线的价值目标

内在地看，党的基本路线之所以正确，就是它顺应了人民群众的期待与要求。事实上，邓小平同志之所以谆谆告诫、反复教导要牢牢坚持党的基本路线不动摇，最重要的原因就是这条路线受到人民群众的拥护。具体来说：一是人民从党的基本路线中获益良多。二是党的基本路线是人民相信拥护党的政治基础。三是人民群众对党的基本路线最有发言权。邓小平同志一再强调："确定现行政策不会发生变化的主要根据是，现行政策对不对，对国家来说对不对，对人民来说对不对。"改革开放以来，在坚持党的基本路线上的重要经验之一，就是把积极顺应人民群众过上美好幸福生活的新期待，作为重要价值目标去追求和践行。唯有如此，才能充分调动起广大人民群众投身于改革开放和社会主义现代化建设的积极性、主动性和创造性，才能进一步坚定全党全国人民坚持党的基本路线的自觉性。以经济建设为中心之所以是兴国之要，是因为它从根本上顺应了人民群众对美好生活的向往，有助于奠定国家兴旺发达、社会富足丰裕的物质基础；四项基本原则之所以是立国之本，是因为它从根本上保证了人民群众的主体地位，奠定了国家长治久安、和谐稳定的社会基础；改革开放之所以是强国之路，是因为它从根本上激发和释放了人民群众的创造活力，奠定了国家富强、民族振兴、人民幸福的基础。由此，我们之所以说基本路线是党和国家的生命线，从根本上说，是因为它顺应了人民群众的利益、愿望和要求，为党和国家的全部工作赢得了民心、赢得了主动、赢得了未来，从而使党和国家的各项事业充满生机、蓬勃发展。

警惕右、主要是防止“左”是坚持党的基本路线的鲜明态度

坚持党的基本路线不动摇，必须旗帜鲜明地反对来自“左”和右的错误思想的干扰，这也是一条基本的经验。邓小平同志强调：右可以葬送社会主义，“左”也可以葬送社会主义。右的主要表现是否定四项基本原则，搞资产阶级自由化；“左”的主要表现是否定改革开放，影响和冲击经济建设这个中心。社会主义建设时期的失误，主要是吃了“左”的亏；并且，改革开放要探索和开辟新的道路，主要阻力也来自“左”。因此，邓小平同志说：“中国要警惕右，但主要是防止‘左’。”历史和现实充分表明，抵制来自“左”与右的干扰，避免犯“左”与右的错误，撇开“左”与右的纠缠，关键在于高举中国特色社会主义伟大旗帜，关键在于不丢弃科学社会主义的基本原则，而其中最重要的就是要牢牢坚持党的基本路线不动摇。党的十一届三中全会以来的发展历程充分说明，坚持党的基本路线不动摇，必须态度鲜明地反对错误思想的干扰，

必须警惕右，但主要是防止“左”。随着改革开放进入攻坚阶段，在一些重要历史关头，围绕一些重大问题，还会不时出现一些否定社会主义、否定改革开放和否定党的基本路线的模糊认识甚至错误思想。这就需要我们正确认识“一个中心、两个基本点”的关系，把以经济建设为中心同四项基本原则、改革开放这两个基本点统一于发展中国特色社会主义的伟大实践中。围绕经济建设这个中心，必须把坚持四项基本原则与坚持改革开放统一起来：在社会主义初级阶段所坚持的四项基本原则，是对社会主义制度基本特征的科学概括，已去除了传统社会主义模式的保守内容和计划经济体制下的僵化成分，并由改革开放赋予其新的时代内涵；同时，在社会主义初级阶段所实行的改革开放，是由四项基本原则引领方向的，是在中国特色社会主义旗帜下不断走向深化的。在这里，如果以僵化的眼光来对待四项基本原则，就会怀疑甚至否定改革开放的大方向，就会犯“左”的错误；如果以片面的观点来看待改革开放，就会怀疑甚至否定社会主义性质，就会犯右的错误。

（《光明日报》2014年8月20日第16版）

在新征程上不断增强党的思想引领力

《中共中央关于党的百年奋斗重大成就和历史经验的决议》在概括和总结新时代的伟大成就时指出，“党的政治领导力、思想引领力、群众组织力、社会号召力显著增强”。历史和现实都证明，增强党的思想引领力，对于坚持和加强党的全面领导，应对各种复杂局面和风险挑战，把党锻造得更加坚强有力，具有重要意义。开启全面建设社会主义现代化国家新征程，客观上要求不断增强党的思想引领力，使党始终成为中国人民最可靠、最坚强的主心骨。

从使命任务看，必须为建设社会主义现代化强国引领航向

实现社会主义现代化，是中国共产党人的目标追求。中国共产党成立以来，始终把为中国人民谋幸福、为中华民族谋复兴作为自己的初心使命，始终坚持共产主义理想和社会主义信念，团结带领全国各族人民为争取民族独立、人民解放和实现国家富强、人民幸福而不懈奋斗。党领导人民创造了新民主主义革命的伟大成就、社会主义革命和建设的伟大成就、改革开放和社会主义现代化建设的伟大成就、新时代中国特色社会主义的伟大成就，成功走出中国式现代化道路。

与西方现代化不同，中国社会主义发展的现代化目标与中国现代化的社会主义属性，是紧密联系、不可分割的。中国共产党人的高超智慧在

于，始终根据中国现代化的进程和目标要求来部署和推进社会主义建设，也始终注重从现代化的宏观进程来谋划社会主义制度的完善和发展。党的十九大对实现第二个百年奋斗目标作出分两个阶段推进的战略安排：从 2020 年到 2035 年基本实现社会主义现代化，从 2035 年到本世纪中叶把我国建成社会主义现代化强国。党的十九届六中全会再次宣示了实现奋斗目标的坚定决心。

在新征程上，要不断增强党的思想引领力，为建设社会主义现代化强国引领航向。一方面，全面建设社会主义现代化强国涉及许多重大关系，如现代化共性与个性的关系、主体与客体的关系、理论与实践的关系、物质与精神的关系、效率与公平的关系、发展与安全的关系、进程的阶段性与连续性的关系等。对此，都需要进行深入研究、作出深度解答，为澄清模糊认识、树立正确的“现代化观”创造条件。另一方面，要在一系列重大问题上达成共识，如现代化的实践途径、光明前景、重大意义、世界贡献等。要引导广大党员干部坚信，中国特色社会主义道路是被实践证明了的符合中国国情的正确道路，是创造人民美好生活、实现中华民族伟大复兴的康庄大道。要坚定道路自信，不管遇到多少艰难险阻，都要沿着这条道路坚定不移走下去。

从执政基础看，必须为扎实推动共同富裕凝心聚力

始终与人民同呼吸、共命运，是我们党在百年奋斗中虽历经艰难困苦却不断取得胜利的重要密码。在社会主义市场经济条件下，持续长久赢得人民的支持和拥护，最根本最关键的还在于不断满足人民群众对美好生活的向往，让人民群众过上更加幸福的生活。新时代我国社会主要矛盾是人民日益增长的美好生活需要和不平衡不充分的发展之间的矛盾，必须坚持以人民为中心的发展思想，推动人的全面发展、全体人民共同富裕取得更

为明显的实质性进展。

巩固和夯实党的长期执政基础，必须扎实推动共同富裕。进入新时代，习近平总书记强调：“共同富裕是社会主义的本质要求，是人民群众的共同期盼。我们推动经济社会发展，归根结底是要实现全体人民共同富裕。”打赢脱贫攻坚战，全面建成小康社会，实现共同富裕已有了良好基础，但仍然任重道远。

在新征程上，要不断增强党的思想引领力，为扎实推动共同富裕凝聚广泛共识。共同富裕，从战略定位看，不仅是经济问题，而且是关系党的执政基础的重大政治问题；从基本内涵看，既包括物质生活富裕，也包括精神生活富裕，追求高品质生活与人的全面发展；从实现方式看，既要做大“蛋糕”，也要分好“蛋糕”；从重大意义看，既造福中国人民，也为世界作出贡献；从重要抓手看，既要在深化改革中完善体制机制，又要切实冲破思想观念的障碍。实现共同富裕，既要尽力而为也要量力而行，既急不得也等不得。对实现共同富裕涉及的重大问题，既要深入研究和认真回答，也要广泛宣传和加强理论武装，以正确的思想观念引领生动实践。

从思想领域看，必须牢牢掌握意识形态工作领导权

习近平总书记强调，“经济建设是党的中心工作，意识形态工作是党的一项极端重要的工作”。我们既要切实做好中心工作，为意识形态工作提供坚实物质基础，又要切实做好意识形态工作，为中心工作提供有力保障；既不能因为中心工作而忽视意识形态工作，也不能使意识形态工作游离于中心工作。在意识形态问题上，应该有“防线意识”，要守住意识形态阵地。

党的十八大以来，以习近平同志为核心的党中央着力解决意识形态领域党的领导弱化问题，坚持立破并举、激浊扬清，就意识形态领域许多方

向性、战略性问题作出部署，就一系列根本性问题阐明原则立场，廓清了理论是非，校正了工作导向，意识形态领域形势发生全局性、根本性转变。我们党团结带领人民创造了经济快速发展和社会长期稳定两大奇迹，取得了全面建成小康社会等亮眼成绩，社会主义意识形态的凝聚力和引领力比以往更加强大。然而，意识形态领域的斗争并不会消除。可以说，在意识形态领域，与新自由主义、历史虚无主义、西方所谓“普世价值”等的斗争，与污名化中国、宣扬“中国威胁论”等的交锋，将伴随建设社会主义现代化强国的全过程。对此，我们党必须加以重视并积极应对。

在新征程上，要不断增强党的思想引领力，牢牢掌握意识形态工作领导权。为此，必须从根本上讲清楚我们站在历史正确的一边，坚定中国特色社会主义道路自信、理论自信、制度自信和文化自信。同时，还要健全意识形态工作责任制，加强宣传舆论阵地管理，加强网络舆论监管，坚决遏制各种错误思想炒作和蔓延，使主旋律更加响亮、正能量更加强劲。更为重要的是，要坚持以人民为中心的工作导向，举旗帜、聚民心、育新人、兴文化、展形象，建设具有强大凝聚力和引领力的社会主义意识形态。

从防范风险看，必须坚持底线思维、增强忧患意识

“于安思危，于治忧乱”，是中华优秀传统文化的思想精华。统筹发展和安全，增强忧患意识，做到居安思危，是我们党治国理政的一个重大原则。我们党要巩固长期执政地位，团结带领人民沿着中国特色社会主义道路实现中华民族伟大复兴，必须时刻准备应对重大挑战、抵御重大风险、克服重大阻力、解决重大矛盾。因此，要善于运用底线思维的方法，凡事从坏处准备，努力争取最好的结果，做到有备无患、遇事不慌，牢牢把握主动权。

有效防范化解各类风险挑战，确保社会主义现代化事业顺利推进，确保全党全国团结一致共克时艰、共谋发展，必然要求我们党把困难估计得更充分一些，把风险思考得更深入一些，从而注重堵漏洞、强弱项，下好先手棋、打好主动仗。要充分认识到，国泰民安是人民群众最基本、最普遍的愿望，安全在人民群众对美好生活的向往中占有重要分量。要充分考虑到，“黑天鹅”“灰犀牛”事件有可能不时发生，并且各种矛盾风险挑战源、各种矛盾风险挑战点相互交织、相互作用，很容易相互传导、叠加、演变、升级，从而使小风险转为大风险，局部风险发展为系统性风险。

在新征程上，要不断增强党的思想引领力，坚持底线思维、增强忧患意识，以实事求是的态度分析国内外形势。既要看到成绩和机遇，进一步坚定自信；也要分析短板和不足、困难和挑战，预判风险。更为重要的是，要把这些形势和情况充分传递给全体党员干部和广大人民群众，做到居安思危、知危图安。

从技术手段看，必须高度重视互联网这个阵地和战场

互联网在推动经济社会发展方面发挥着越来越重要的作用。习近平总书记指出：“现在，以互联网为代表的信息技术日新月异，引领了社会生产新变革，创造了人类生活新空间，拓展了国家治理新领域，极大提高了人类认识世界、改造世界的能力。”互联网和信息技术深刻改变了社会生产方式、生活方式和沟通交流方式，共同分享、广泛表达、高频互动等信息交流方式使得开放、多样的思想舆论对人们产生越来越大的影响。

习近平总书记强调，“过不了互联网这一关，就过不了长期执政这一关”。我们必须科学认识网络传播规律，全方位提高用网治网水平，有效化解互联网带来的风险挑战，有效利用互联网发展所创造的便利和机遇，

从而使互联网这个最大变量变成事业发展的最大增量。

在新征程上，要不断增强党的思想引领力，加强网络舆论引领，管好用好互联网。一方面，要按照以习近平同志为核心的党中央的战略部署，高度重视互联网这个意识形态斗争的主阵地、主战场、最前沿，健全互联网领导和管理体制，坚持依法管网治网，营造清朗的网络空间。另一方面，要不断提高运用法治思维和法治方式维护网络意识形态安全的能力，做到依法管网、用网、治网。要切实提高熟练运用各种网络技术的能力、运用网络信息判断舆情的能力、运用网络引导舆论的能力以及网络民意汇集能力等，走好网上群众路线，利用网络做好思想政治工作。同时，还要明确管理责任，因地制宜做好网络治理工作。

总之，在新征程上凝心聚力建设社会主义现代化强国，必须更加自觉地坚持以习近平新时代中国特色社会主义思想为指导，注重研究解答改革发展稳定中的重大问题，让党的创新理论转化为指导实践的强大武器，通过不断增强思想引领力助力建设强大政党、现代化强国。

（《经济日报》2021 年 12 月 27 日第 10 版）

不断增强党的社会号召力

社会号召力是政党团结人民、凝聚共识和动员社会的能力，是政党具有生机与活力的集中体现。习近平总书记强调："不断增强党的政治领导力、思想引领力、群众组织力、社会号召力，确保我们党永葆旺盛生命力和强大战斗力。"在世界百年未有之大变局加速演进、中华民族伟大复兴进入关键时期的历史条件下，只有进一步提升党的社会号召力，更加广泛地团结一切可以团结的力量、调动一切可以调动的积极因素，才能使党更加成熟、更加坚定、更加自信，在新的赶考之路上铸就新辉煌。

以愿景目标引领人民群众

任何政党要实现对社会的广泛号召和深度动员，都必须提出能够充分整合不同群体诉求的愿景目标。我们党在近代中国各种救国方案都以失败告终的情势下，以新的思想引领救亡运动，以新的组织凝聚革命力量，一经诞生就把"为中国人民谋幸福、为中华民族谋复兴"作为初心使命、把"实现社会主义和共产主义"作为奋斗目标，从而凝聚起最广泛的革命力量。

一般来说，愿景目标是长期、宏大、崇高的，不可能一蹴而就，必须分历史阶段完成。在百年奋斗历程中，我们党根据时代主题变化，与时俱进地把愿景目标转化为时代任务和党的路线方针政策，使之更加贴合时代、贴近现实，更富有感召力、更具有针对性，从而更有力地把人民群众凝聚在党的旗帜下。在革命时期，我们党为实现中华民族“站起来”制定了一系列奋斗目标，团结并激励广大人民群众为争取民族独立、人民解放而奋斗；在建设和改革时期，我们党为实现中华民族“富起来”制定了一系列奋斗目标，团结并激励广大人民群众为社会主义革命和现代化建设而奋斗；进入新时代，我们党为实现中华民族“强起来”制定了一系列奋斗目标，团结并激励广大人民群众为实现“两个一百年”奋斗目标而砥砺前行。

习近平总书记强调：“实现中华民族伟大复兴的中国梦，需要广泛汇聚团结奋斗的正能量。”当前“两个大局”的演进出现一系列新变化，必须准确识变、科学应变、主动求变，以更加深远的历史眼光和更加宽广的全球视野设定愿景目标。新时代，以“中国梦”这一愿景目标统领党群关系、民族关系、宗教关系、海内外同胞关系等，寻求最大公约数，画出最大同心圆，凝聚人心力量、催人奋发有为；以“人类命运共同体”这一愿景目标引领世界和平、发展、合作、共赢，推动各国协力解决“四大赤字”，一起向未来，共创美好生活。两个愿景目标有机联动，必将为推进社会主义现代化建设、完成祖国统一、实现民族复兴、维护世界和平与促进共同发展凝聚起更广泛更强大的力量。

以辉煌成就激励人民群众

社会号召力是政党软实力，而软实力必须建立在以实绩为支撑的硬实力基础上。硬实力越硬，软实力就越强，同时也越能反过来推动硬实力的发展。我们党在百年奋斗历程中团结带领中国人民创造了“四个伟大成就”，也铸就了经济快速发展与社会长期稳定“两大奇迹”。辉煌成就不是抽象的、自夸的，而是具体的、可以检验的。只有将客观的真实的成绩呈现在人民群众面前，才最有说服力，才能使人民群众发自内心地拥戴中国共产党。

时代是出卷人，我们是答卷人，人民是阅卷人。回望百年征程，我们党领导新民主主义革命取得胜利，实现了中国从几千年封建专制政治向人民民主的伟大飞跃，彻底结束了人民群众受剥削、受压迫的历史，由此让人民群众充分认识到，没有中国共产党领导，民族独立、人民解放是不可能实现的。我们党领导人民群众进行社会主义革命和建设，实现了中华民族有史以来最为广泛而深刻的社会变革，实现了一穷二白、人口众多的东方大国大步迈进社会主义社会的伟大飞跃，由此让人民群众充分认识到，只有社会主义才能救中国，只有社会主义才能发展中国。我们党领导人民群众进行改革开放和社会主义现代化建设，实现了从生产力相对落后的状况到经济总量跃居世界第二的历史性突破，实现了人民生活从温饱不足到总体小康、奔向全面小康的历史性跨越，由此让人民群众充分认识到，改革开放是决定当代中国前途命运的关键一招，党领导开创的中国特色社会主义道路是指引中国繁荣发展的正确道路。党的十八大以来，中国特色社会主义进入新时代，党领导人民坚持与发展中国特色社会主义，推动党和国家事业取得历史性成就、发生历史性变革，实现了第一个百年奋斗目标，在中华大地上全面建成了小康社会，由此让人民群众充分认识到，在党的坚强领导下，中华民族迎来了从站起来、富起来到强起来的伟大飞跃，中华民族伟大复兴进入了不可逆转的历史进程。

过去一百多年，中国共产党向人民、向历史交出了一份优异答卷。现在，中国共产党团结带领中国人民又踏上了实现第二个百年奋斗目标新的赶考之路。面向未来，只有继续为实现人民对美好生活的向往不懈奋斗，奋力在社会主义现代化建设各个领域创造出新的更大成就，为人民争取更大光荣，才能更好地提升党的社会号召力。

以良好形象感召人民群众

“政者，正也。”作为政治组织，良好的政党形象能够吸引人民群众发自内心的认同和支持，从而生成、巩固和增强政党的社会号召力。在百年奋斗历程中，我们党在人民群众心中牢固树立了一个信仰坚定、斗志昂扬、纪律严明、作风优良、清正廉洁的政党形象，充分体现了在一脉相承中与时俱进的鲜明特点。

政党形象既是整体的，也是具体的。我们党的良好形象是党的各级组织以及千千万万共产党员共同树立和维护起来的。在立党兴党强党的历史过程中，我们党的各级组织坚持真理、修正错误，知难而进、敢于担当，勇于进行自我革命，始终成为风雨来袭时人民群众最可靠的主心骨，始终成为人民群众创造美好生活最可信的领路人，从而不断坚定了人民群众一心一意跟党走的信心与决心；在各个历史时期，一大批敢为天下先的革命先辈、一大批视死如归的革命烈士、一大批艰苦奋斗的英雄人物、一大批忘我牺牲的先进模范以及无数在本职岗位上为人民服务的普通共产党员，以自己的一言一行在人民群众心中矗立起一座座巍峨丰碑。

党的良好形象不是随着时间推移就能自然保持下去的，新征程上既存在党内“四个不纯”等突出问题，也面临着意识形态领域的重大挑战，稍不注意就可能蒙尘褪色。为此，必须坚持破立并举，内强素质外塑形象。一方面，坚持党要管党、全面从严治党，坚定不移推进党风廉政建设和反腐败斗争，坚决清除一切损害党的先进性和纯洁性的因素，清除一切侵蚀党的健康肌体的病毒，确保党永远不变质、不变色、不变味；另一方面，坚持举旗帜、聚民心、育新人、兴文化、展形象，讲好中国共产党的故事，树立好先进典型、发挥好榜样力量，始终以良好形象感召人民群众、赢得人民群众。

以血肉联系凝聚人民群众

政党的社会号召力、影响力强弱取决于其与人民群众联系的密切程度。从历史来看，密切联系人民群众的政党都具有强大的社会号召力，脱离甚至背离人民群众的政党必然被人民群众所唾弃，并最终走向失败。我们党来自人民、植根人民，在百年奋斗历程中始终与人民休戚与共、生死相依，始终保持同人民群众的血肉联系，从而能够广泛团结、动员、凝聚人民群众，不断从胜利走向胜利。

以血肉联系凝聚人民群众，贯穿于党带领人民进行革命、建设和改革的伟大实践之中。正是因为我们党没有任何自己特殊的利益，全心全意为人民服务，从而赢得人民群众的广泛支持和衷心拥护，才会出现诸如“最后一块布做军装，最后一口粮做军粮，最后一个儿子送战场”的感人场景；正是因为我们党把群众路线视为党的生命线和根本工作路线，坚持从群众中来，到群众中去，把党的正确主张变为群众的自觉行动，从而激发人民群众的积极性、主动性和创造性，才会创造诸如“包产到户”等一系列体现群众首创精神的历史成就；正是因为我们党坚持解放和发展生产力，努力让发展成果更多更公平惠及全体人民，不断推动全体人民共同富裕取得更为明显的实质性进展，才会获得人民群众的高度认同和赞誉，涌现诸如“青春向党”等一系列讴歌党、礼赞党的热潮。

我们党的最大政治优势是密切联系群众，党执政后的最大危险是脱离群众。面对许多可以预料和难以预料的困难，面对现实存在的脱离群众的危险，我们必须自觉强化同人民群众的血肉联系。要站稳群众立场，践行以人民为中心的发展思想，不断满足人民群众日益增长的美好生活需要，把人民对美好生活的向往作为奋斗目标，不断提升人民群众获得感、幸福感、安全感；要坚持群众观点，把最广大人民的根本利益作为党的路线方针政策的出发点和落脚点，把查处和惩治侵犯群众利益的突出问题作为突破口，把群众满意不满意、高兴不高兴、答应不答应作为检验一切工作的最高标准；要走好群众路线，坚持问政于民、问需于民、问计于民，做到群众在哪里，群众工作就服务到哪里。只有这样，才能形成海内外全体中华儿女心往一处想、劲往一处使的生动局面，汇聚起实现民族复兴的磅礴力量。

（《解放军报》2022 年 7 月 6 日第 7 版）

中国共产党人的自信底气

中国共产党人的自信不是盲目的，而是有底气的。这种自信来自马克思主义理论指导，来自中华优秀传统文化历史传承，来自伟大实践成就，来自人民衷心支持与拥护，来自国际影响力不断提升。我们自信不自满，必须增强忧患意识、慎终追远，始终保持艰苦奋斗的作风。

习近平总书记强调："坚持中国特色社会主义道路自信、理论自信、制度自信、文化自信，坚持党的基本路线不动摇，不断把中国特色社会主义伟大事业推向前进。"中国共产党人的自信来自马克思主义理论指导，来自中华优秀传统文化历史传承，来自伟大实践成就，来自人民衷心支持与拥护，来自国际影响力不断提升。从总体上说，中国共产党人的文化自信体现了历史与现实的统一、理论与实践的统一、政党与民众的统一、民族化与国际化的统一。

马克思主义：中国共产党人自信的理论基础

习近平总书记在纪念马克思诞辰 200 周年大会的讲话中指出，马克思的思想理论源于那个时代又超越了那个时代，既是那个时代精神的精华又是整个人类精神的精华。中国革命、建设、改革取得的一切成就归根到底在于中国共产党人将马克思主义写在自己的旗帜上。毛泽东思想、邓小平理论、"三个代表"重要思想、科学发展观、习近平新时代中国特色社会主义思想，正是在马克思主义的指导下，结合中国具体实际，实现了创新性的结合与发展。特别是习近平新时代中国特色社会主义思想，是新时代我们党对马克思列宁主义、毛泽东思想、邓小平理论、“三个代表”重要思想、科学发展观的继承和发展，是中国特色社会主义理论体系的重要组成部分，是马克思主义中国化的最新成果，是21世纪的马克思主义。马克思主义中国化时代化的一系列理论成果，既一脉相承，又与时俱进。马克思主义为中国共产党人领导中国人民推进革命、建设和改革提供了真理性、价值性与实践性的科学指导。马克思主义是科学的理论，创造性地揭示了人类社会发展规律，为中国共产党领导人民进行革命、建设和改革指明了正确方向；马克思主义是人民的理论，第一次创立了人民实现自身解放的思想体系，为中国共产党秉持全心全意为人民服务的宗旨提供了科学指引；马克思主义是实践的理论，指引着人民改造世界的行动，为中国共产党进行伟大的社会革命与自我革命提供了有效方法；马克思主义是不断发展的开放的理论，始终站在时代前沿，为中国共产党人充分吸取人类文明成果、开放包容地推进伟大事业提供了理论依据。

优秀传统文化：中国共产党人自信的历史根基

习近平总书记指出，不忘历史才能开辟未来，善于继承才能善于创新。优秀传统文化是一个国家、一个民族传承和发展的根本，如果丢掉了，就割断了精神命脉。中华民族五千年来的文明历史所孕育的中华优秀传统文化是中国特色社会主义的血脉源流。世界古代四大文明中，只有中国文明自有文字以来从未断流过，是世界上最古老且持续时间最长的文明形态。中华民族是多元一体的民族，各民族的发展都有独特内涵与价值，在相互交流、相互吸收的基础上共同构建了丰富多彩的中华文化；中华民族是自强不息、厚德载物的民族，各民族在艰苦奋斗、勤劳勇敢的实践中孕育了伟大的民族精神；中华民族具有共同的精神追求与精神家园，各民族在绵延不断、融会沉淀的历史中奠定了高度稳固的身份认同。承载伟大民族品格与民族精神的中华优秀传统文化，为中国革命、建设和改革提供了以古鉴今的历史启迪和重要参考，滋养了文化传承的深厚血脉；中华优秀传统文化也为中国共产党人领导人民群众推进伟大事业建立了充分的底气与自信，赋予了不忘初心、砥砺前行的根本力量。新时代，中华优秀传统文化必将为社会主义现代化建设奠定坚实的文化基础，社会主义现代化建设也会推动中华优秀传统文化得到继承与发展。

伟大实践成就：中国共产党人自信的现实支撑

实践是认识的来源，实践是认识的动力。中国特色社会主义文化植根于中国特色社会主义伟大实践。鸦片战争后，中华民族经历了战乱频仍、山河破碎、民不聊生、备受屈辱的深重苦难，经历了无数仁人志士百折不挠、前仆后继、可歌可泣的探索与尝试。只有中国共产党人最终带领中国人民在马克思主义的指导下，推翻压在中国人民头上的帝国主义、封建主义、官僚资本主义三座大山，实现了人民对民族独立、人民解放、国家统一、社会稳定的深切期盼，诞生了党领导人民浴血奋战的革命文化，实现了中华民族站起来的伟大壮举。新民主主义革命胜利之后，农业、手工业和资本主义工商业的三大社会主义改造顺利完成，社会主义基本制度框架确立，为后来中国社会的发展和进步奠定了坚实的基础。之后，中国共产党人以开拓创新、与时俱进、自我革命的精神，顺应时代发展、合乎民意诉求、勇于改革开放，破除了阻碍生产力发展与社会进步的一切思想和体制障碍，使中国大踏步赶上时代，中国社会发生了翻天覆地的变化，使中华民族实现了富起来的伟大变革。党的十八大以来，中国特色社会主义事业取得了全方位的、开创性的成就，实现了深层次的、根本性的变革，解决了许多长期想解决而没有解决的难题，办成了许多过去想办而没有办成的大事，开启了建成富强民主文明和谐美丽的社会主义现代化强国的新时代，迎来了中华民族从站起来、富起来到强起来的伟大飞跃。习近平总书记指出：“当今世界，要说哪个政党、哪个国家、哪个民族能够自信的话，那中国共产党、中华人民共和国、中华民族是最有理由自信的。”

深化血肉联系：中国共产党人自信的力量源泉

人民是历史的主体，是社会的主体，是实践的主体，是价值的主体。习近平总书记强调，人民是历史的创造者，人民是真正的英雄。得民心者得天下，失民心者失天下。民心就是人民群众对中国共产党人领导的国家事业的积极参与，就是对中国共产党人执政绩效的肯定，就是对中国共产党人的政策方针的认同理解。中国革命、建设和改革的历史充分证明，党的事业和国家的发展离不开人民的支持，党的强大和国家的富裕离不开人民的拥护，党的事业持续发展和国家的繁荣稳定离不开人民的智慧和力量。与此同时，在推进党领导伟大事业进程中，人民也不断从党和国家的发展中获得实惠。党的十九大报告指出，过去 5 年，国内生产总值从 54 万亿元增长到 80 万亿元，稳居世界第二，粮食生产能力达到 1.2 万亿斤，城镇化率年均提高 1.2%，8000 多万农业转移人口成为城镇居民。另一方面，广大人民群众对党的十八大以来党的坚强领导和政策措施给予充分认同：对淘汰落后产能，实现高质量发展极为肯定；对破除各方面体制机制弊端，全面推进改革深化翘首期盼；对全面依法治国，实现司法公正欢欣鼓舞；对展示正能量，弘扬主旋律积极响应；对脱贫攻坚以及改善民生的各项政策拍手称赞；对治理环境突出问题，建设美丽中国坚决力挺；对强军兴军十分认可；对增强两岸互信互动非常支持；对提升国际地位，提高国际话语权满怀自豪；对党正风肃纪，“打虎”“拍蝇”“猎狐”刚性执行点赞叫好。一系列成就和改革贴近地气、反映民意、深入人心。在党的十三届全国人大一次会议上，习近平同志全票当选国家主席、中央军委主席，体现了人民对习近平总书记党的核心、军队统帅、人民领袖的崇高地位的坚决维护，对以习近平同志为核心的党中央权威和集中统一领导的坚决维护。步入新时代，广大人民群众对国家的未来发展充满信心，对实现中华民族伟大复兴的中国梦翘首期盼，积极支持社会主义现代化强国建设，在伟大实践中致力于实现每个人都有人生出彩的机会。

贡献中国智慧：中国共产党人自信的外部条件

经过建党以来的不懈奋斗，新中国成立之后的持续发展，特别是改革开放以来的快速飞跃，中国共产党人领导中国人民不断为人类发展作出巨大贡献，我国正日益走近世界舞台中央。特别是党的十八大以来，中国的国际地位、国际作为和国际话语权得到了极大的提升。截至 2017 年底，中国企业在有关国家建设 75 个境外经贸合作区，上缴东道国税费超过 16 亿美元，为当地创造了 22 万个就业岗位。自 2002 年以来，中国对世界经济增长的平均贡献率接近 30%，是拉动世界经济复苏和增长的重要引擎。当今世界比以往任何时候都需要中国向世界展示自己的智慧和方案。G20 杭州峰会、金砖国家领导人厦门会晤、海南博鳌亚洲论坛年会、青岛上合组织成员国元首理事会第十八次会议，中国提出的主张与方案得到广泛认同，由此提升了自身参与全球治理的话语权。2015 年 9 月，习近平主席在联合国发展峰会上发表题为《谋共同永续发展做合作共赢伙伴》的重要讲话。在习近平主席演讲结束后，二三十位国家元首等在走廊外与他握手。另外，“人类命运共同体”“一带一路”“共商、共建、共享”……这些耳熟能详的词汇，随着中国自身发展和对全球治理贡献的增多，被陆续写进联合国决议文件，成为彰显中国智慧的联合国官方词汇。正如党的十九大报告指出，中国特色社会主义进入新时代，“意味着中国特色社会主义道路、理论、制度、文化不断发展，拓展了发展中国家走向现代化的途径，给世界上那些既希望加快发展又希望保持自身独立性的国家和民族提供了全新选择，为解决人类问题贡献了中国智慧和中国方案”。

中国共产党人的自信不是盲目的，而是有底气的，更是与忧患意识联系在一起的。习近平总书记指出：“我们党是生于忧患、成长于忧患、壮大于忧患的政党。”“无论什么时候我们都不能骄傲自满，党不能骄傲自满，国家不能骄傲自满，领导层不能骄傲自满，人民不能骄傲自满，而是要增强忧患意识、慎终追远，始终保持艰苦奋斗的作风。”如果说自信是中国共产党人自我认可、自我激励、自我鼓舞的话，那么忧患意识源自对推动中国特色社会主义建设的危机感、责任感、使命感，两者是相辅相成的辩证关系。

（《学习时报》2018 年 8 月 1 日第 1 版）

第五章

以史为鉴与开创未来

充分把握“学史明理”的基本内涵

习近平总书记在党史学习教育动员大会上提出，“全党同志要做到学史明理、学史增信、学史崇德、学史力行”。在这四个目标中，明理是基础。明理的内涵是丰富的，中国共产党为什么“能”、马克思主义为什么“行”、中国特色社会主义为什么“好”是最基本的三个方面。弄明白这些道理，对提升党史学习教育成效、增强砥砺前行的信心和力量，具有至关重要的意义。

弄明白中国共产党为什么“能”的基本道理

党兴则国兴，党强则国强。习近平总书记指出，“只要我们深入了解中国近代史、中国现代史、中国革命史，就不难发现，如果没有中国共产党领导，我们的国家、我们的民族不可能取得今天这样的成就”。中国共产党在中国革命、社会主义建设和改革开放的进程中发挥着无可替代的领导核心作用，领导人民创造了彪炳史册的人间奇迹。

中国共产党之所以“能”，就在于自身的先进性。世界政党发展史告诉我们，没有先进理论的指导，没有用先进理论武装起来的政党的领导，是不可能长久兴旺发达的。中国共产党是在马克思列宁主义与中国工人运动相结合的过程中诞生的，先进性是党的本质属性。在百年奋斗历程中，无论是处于顺境还是逆境，我们党从未放弃马克思主义这一科学真理的指导，从未动摇对共产主义的信仰。始终把马克思主义作为自己的行动指南，始终坚守理想信念，始终憧憬美好社会理想，是中国共产党能够始终走在时代前列、经受住各种风险考验、完成历史使命的制胜密码。

中国共产党之所以“能”，就在于没有自己的特殊利益，始终把人民利益摆在最高位置。马克思主义认为，无产阶级的运动是为绝大多数人谋利益的独立的运动，无产阶级政党是为绝大多数人谋利益的政党。我们党自诞生之日起就是中国最广大人民根本利益的忠实代表，并一以贯之地为人民谋幸福。革命战争年代，李大钊、方志敏、赵一曼等无数革命先烈为争取民族独立和人民解放前赴后继、抛洒热血。据 1945 年党的七大时的初步统计：北伐战争、土地革命战争及抗日战争时期，在战场上牺牲了 76 万多人，其中共产党员 32 万多人，占将近一半，而当时在军队里的共产党员最多只占 1/3。这些数据足以说明，为了人民得解放、过上太平安宁的好日子，共产党人是最不怕牺牲、冲锋在前的。新中国成立后，我们党领导人民开展社会主义革命和建设，改变一穷二白的面貌，是为人民根本利益而斗争；领导人民实行改革开放，推进社会主义现代化，同样是为了人民根本利益而斗争。我们党的百年征程，就是一部共产党人为人民谋解放谋发展谋幸福的历史。

中国共产党之所以“能”，就在于始终保持自我革命精神，具有极强的自我修复能力。马克思主义认为，无产阶级革命与其他革命不同之处就在于：它自己批评自己，并靠批评自己壮大起来。勇于自我革命，是我们党最鲜明的品格，也是我们党最大的优势。在新民主主义革命时期，我们党第一部党章专门对纪律作出规定，1926 年就颁布第一个反贪腐文件，坚决查处贪污、以权谋私等消极腐化行为。在社会主义革命和建设时期，我们党成立中央和各级纪律检查委员会，发起“三反”“五反”运动，开展整风、整党，着力解决党内存在的思想不纯、作风不纯、组织不纯等问题。改革开放后，我们党保持清醒头脑，作出“执政党的党风问题是有关党的生死存亡的问题”重大论断，将一手抓改革发展、一手抓惩治腐败贯穿改革开放全过程。党的十八大以来，我们党坚持“打虎”“拍蝇”“猎狐”无禁区、全覆盖、零容忍，坚持重遏制、强高压、长震慑，全面深入推进自我革命。这既彰显了我们党自我净化机制的强大力量，也显示出了我们党不断解决党自身存在的突出问题、建设成为世界上强大政党的决心与能力。

学史明理就是要从党走过的风云激荡的历史中、从党全心全意为人民服务的根本宗旨和长期实践中，从党始终坚持刀刃向内开展自我革命中，搞清楚我们党从哪里来、要到哪里去，搞清楚“江山就是人民、人民就是江山”的基本道理，搞清楚我们党为什么能永葆先进性和纯洁性、永葆生机活力，铸就“百年恰是风华正茂”的政党传奇，进而坚定不移听党话、跟党走。

弄明白马克思主义为什么“行”的基本道理

马克思主义是科学真理，是人类历史上的伟大创造。它的诞生，在人类历史上犹如一轮壮丽的日出，照亮了人类探索历史规律和寻求自身解放的道路，为长期在黑暗中摸索的无产阶级和广大劳动人民指明了方向。习近平总书记指出，时代在变化，社会在发展，但马克思主义基本原理依然是科学真理。这一重要论断既体现了我们党对马克思主义的坚定信心，又表明了我们党始终坚持以马克思主义为行动指南的郑重选择。

马克思主义之所以“行”，就在于它是科学的理论，至今仍占据着真理的制高点。马克思主义作为系统、完整、科学的理论体系，科学揭示了人类社会发展的一般规律，揭示了资本主义运行的特殊规律，揭示了实现共产主义的历史必然性，因而是“伟大的认识工具”，为人类指明了从必然王国向自由王国飞跃的途径。尽管我们所处的时代同马克思所处的时代相比发生了巨大而深刻的变化，但从世界社会主义500年演进历史的大视野来看，我们依然处在马克思主义所指明的历史时代，马克思主义所阐述的一般原理整个来说仍然是完全正确的。

马克思主义之所以“行”，就在于它是人民的理论，至今仍占据着道义的制高点。在马克思主义之前，社会上占统治地位的理论都是为统治阶级服务的。马克思主义第一次站在人民的立场，揭示了人民为什么是自己的主人、社会的主人、历史发展的主人，为人民探求自身自由解放的道路和最终建立一个人人平等、人人自由的共产主义社会指明了奋斗方向。它不是为某个集团或阶级代言的“私器”，而是为无产阶级和人类解放而斗争的“公器”，代表绝大多数人的利益和历史进步方向。这是马克思主义能够跨越国度、跨越时代地植根人民之中，始终占据道义制高点的根本原因。

马克思主义之所以“行”，就在于它是实践的理论，至今仍在成功指导实践。马克思主义不是书斋里的学问，而是为了改变人民历史命运而创立的，是在人民求解放的实践中形成的，也是在人民求解放的实践中反复检验、不断发展的。中国共产党百年的光辉历史，是在马克思主义指引下改变中国命运的艰辛历程；新中国70多年的沧桑巨变，是在马克思主义指引下建设社会主义取得的巨大成就；改革开放40多年的伟大飞跃，是在马克思主义指引下开创中国特色社会主义的历史跨越；党的十八大以来发生的历史性变革、取得的历史性成就，是在马克思主义指引下迈向民族复兴的崭新篇章。马克思主义在中国的成功实践，不仅深刻改变了中国，也深刻地改变了世界，无可争辩地证明了马克思主义的实践伟力。

马克思主义之所以“行”，就在于它是开放发展的理论，至今仍在与时俱进地创新发展。马克思主义不是教条，而是行动指南，必须随着实践的变化而发展。中国共产党在领导革命、建设和改革的长期实践中，坚持把马克思主义基本原理和中国实际相结合，不断推进马克思主义中国化，先后形成了毛泽东思想、邓小平理论、“三个代表”重要思想、科学发展观等重大理论创新成果，指引中国人民夺取一个又一个胜利。党的十八大以来，以习近平同志为主要代表的中国共产党人紧密结合新的时代条件和实践要求，进行艰辛理论探索，创立了习近平新时代中国特色社会主义思想，科学构建了当代中国马克思主义、21 世纪马克思主义。由此可见，一部马克思主义发展史就是一部根据时代、实践、认识发展而不断推进理论创新的历史。

学史明理就是要在深学细研中，搞清楚马克思主义何以成为党和国家的指导思想，弄明白马克思主义是如何深刻改变中国、改变世界的，进而不断深化对马克思主义既一脉相承又与时俱进的理论品质的认识，不断开辟当代中国马克思主义、21 世纪马克思主义新境界。

弄明白中国特色社会主义为什么“好”的基本道理

中国特色社会主义承载着几代中国共产党人的理想和探索，寄托着无数仁人志士的夙愿和期盼，凝聚着亿万人民的奋斗和牺牲，是近代以来中国社会发展的必然选择。习近平总书记指出，“中国特色社会主义不是从天上掉下来的，是党和人民历尽千辛万苦、付出巨大代价取得的根本成就”。

中国特色社会主义之所以“好”，就在于它是历史和人民的选择。1840 年鸦片战争后，近代中国陷入前所未有的民族危机。无数仁人志士前赴后继，探求救国救民的道路。这一时期，各种社会思潮轮番登场、交迭消长，科学主义、实用主义、自由主义、无政府主义等纷繁更替，都没能解决中国的前途和命运问题。直到十月革命一声炮响，中国先进分子才找到了解决中国问题的出路——社会主义。新中国成立后，我们党深入思考和探索怎样建设社会主义，在探索中取得了重要理论成果和巨大成就，为开创中国特色社会主义积累了宝贵经验、理论准备和物质基础。改革开放后，我们党根据新的形势与任务，明确提出走自己的路、建设中国特色社会主义，并在实践中科学回答了建设中国特色社会主义的一系列基本问题，成功开创、坚持和发展了中国特色社会主义。由此可见，中国特色社会主义具有深厚的历史渊源和广泛的现实基础，既坚持了科学社会主义的基本原则，又具有鲜明的中国特色，既是历史的选择，又是人民的选择。

中国特色社会主义之所以“好”，就在于它坚持道路、理论体系、制度与文化一体化推进。中国特色社会主义是由道路、理论体系、制度和文化组成的统一整体，其内部各要素相辅相成、相互促进。其中，中国特色社会主义道路是实现路径，中国特色社会主义理论体系是行动指南，中国特色社会主义制度是根本保障，中国特色社会主义文化是精神动力，四者统一于中国特色社会主义伟大实践。其道路的开辟与拓展过程，也是理论体系的形成、制度的创立和文化的孕育过程；其理论体系的丰富发展，也为道路拓展、制度完善、文化发展提供了科学指导；其制度的发展完善则为道路的拓展、理论体系的丰富、文化建设提供了制度保障；其文化的发展，为其道路的坚持和发展、理论体系的丰富和制度的完善提供了精神动力。由此可见，坚持道路、理论体系、制度、文化一体化推进，是中国特色社会主义最鲜明的特色，也为我们坚定自信提供了有力支撑。

中国特色社会主义之所以“好”，就在于它是实现中华民族伟大复兴的人间正道。实现中华民族伟大复兴，是近代以来中华民族最伟大的梦想。经过革命和社会主义建设，党带领人民团结奋斗，为民族复兴扫清了根本障碍，创造了有利条件。改革开放是我们党的一次伟大觉醒，孕育了从理论到实践的伟大创造，使中国大踏步赶上时代，推动了中国特色社会主义事业的伟大飞跃。在中国特色社会主义道路上，中国共产党带领人民创造了世所罕见的经济快速发展奇迹与社会长期稳定奇迹，使中华民族伟大复兴展现出前所未有的光明前景。历史充分证明，中国特色社会主义这条道路走得对、走得通、走得好，是引领中华民族实现伟大复兴的人间正道。

学史明理就是要在中国特色社会主义的创立形成与发展演进中，搞清楚我们党团结带领人民是怎样经过反复比较和总结，历史地选择了社会主义道路；搞清楚只有社会主义才能救中国，只有中国特色社会主义才能发展中国的历史逻辑、理论逻辑和现实逻辑，进而更加坚定走中国特色社会主义道路的信心和决心，不为任何风险所惧，不为任何风险所惑，坚决不走封闭僵化的老路，也不走改旗易帜的邪路。

（《北京日报》2021 年 3 月 15 日第 9 版）

准确把握“学史增信”的目标要求

习近平总书记在党史学习教育动员大会上强调，全党同志要做到学史明理、学史增信、学史崇德、学史力行。在这四个目标中，学史增信就是要不断增强中国特色社会主义道路自信、理论自信、制度自信、文化自信，进一步坚定理想信念。明晰学史增信的目标要求，对提升党史学习教育成效，鼓起迈进新征程奋进新时代的精气神具有重要意义。

增强自信是整体性的

自信，是一个国家、一个民族、一个政党积极向上的精神状态。习近平总书记指出，“当今世界，要说哪个政党、哪个国家、哪个民族能够自信的话，那中国共产党、中华人民共和国、中华民族是最有理由自信的”。这个自信就是中国特色社会主义道路自信、理论自信、制度自信、文化自信，四者统一于中国特色社会主义伟大实践。

增强中国特色社会主义道路自信。道路决定命运。在新民主主义革命和社会主义革命的基础上，党领导人民进行改革开放新的伟大革命，开辟了中国特色社会主义道路，使中国大步赶上时代，创造出经济快速发展与社会长期稳定的奇迹。实践充分证明，中国特色社会主义道路是我们实现社会主义现代化的必由之路，是指引中国人民创造自己美好生活的人间正道。增强道路自信，就是保持政治定力，既不走封闭僵化的老路，也不走改旗易帜的邪路，而是坚信只有中国特色社会主义道路而没有别的道路能够引领中国进步、实现人民幸福。

增强中国特色社会主义理论自信。一百年来，我们党坚持解放思想和实事求是相统一、培元固本和守正创新相统一，不断开辟马克思主义新境界，产生了毛泽东思想、邓小平理论、“三个代表”重要思想、科学发展观，产生了习近平新时代中国特色社会主义思想。习近平新时代中国特色社会主义思想开辟了马克思主义发展新境界，是指导党和人民沿着中国特色社会主义道路实现中华民族伟大复兴的科学理论。增强理论自信，就是要学懂弄通做实习近平新时代中国特色社会主义思想，用党的创新理论武装头脑、指导实践、推动工作、引领未来。

增强中国特色社会主义制度自信。一百年来，我们党始终注重将有益做法与实践经验及时上升到制度层面，为推动党和人民的事业发展提供坚强保障。在新民主主义革命和社会主义革命与建设时期不断探索的基础上，改革开放以来我们党不断推进社会主义制度的自我完善和发展，加强和完善国家治理，取得了历史性成就。党的十八大以来，我们党坚持改革创新，突出坚持和完善支撑中国特色社会主义制度的根本制度、基本制度、重要制度，着力固根基、扬优势、补短板、强弱项，构建了系统完备、科学规范、运行有效的制度体系，推动中国特色社会主义制度更加完善、国家治理体系和治理能力现代化水平明显提高。增强制度自信，就是既要发挥显著制度优势，又不断提升自我完善能力，把我国制度优势更好转化为国家治理效能。

增强中国特色社会主义文化自信。习近平总书记指出，文化自信是一个国家、一个民族发展中更基本、更深沉、更持久的力量。历史和现实表明，一个国家和民族要自立自强，首先在文化上要自觉自信。可以说，有没有高度的文化自信，不仅事关文化自身能否繁荣发展，而且关系到国运兴衰、民族浮沉。中国特色社会主义文化源自中华民族五千多年文明历史所孕育的中华优秀传统文化，熔铸于党领导人民在革命、建设、改革中创造的革命文化和社会主义先进文化，植根于中国特色社会主义伟大实践，积淀着中华民族最深沉的精神追求，代表着中华民族独特的精神标识，是激励全党全国各族人民奋勇前进的强大精神力量。因此，增强文化自信，就是要坚持以我为主、不忘本来、借鉴外来、面向未来，坚守举旗帜、聚民心、育新人、兴文化、展形象的使命任务，更好构筑中国精神、中国价值、中国力量。

通过党史学习教育增强“四个自信”，归根结底就是要把学习成果转化为不可撼动的理想信念，转化为正确的世界观、人生观、价值观，用信仰信念信心照亮奋斗之路，自觉做共产主义远大理想和中国特色社会主义共同理想的坚定信仰者和忠诚实践者。

增强自信是有底气的

中国特色社会主义的道路自信、理论自信、制度自信、文化自信不是盲目的，而是有底气的。这种自信来自我们党团结带领人民取得了举世瞩目的伟大成就，来自人民群众的衷心拥护和广泛认可，来自国际比较的显著优势。

来自伟大成就。实践是检验真理的唯一标准，自信的基础在于成功实践。在革命和建设的历史基础上，在开创、坚持和发展中国特色社会主义的进程中，我们党带领全国人民在实践中创造了经济快速发展和社会长期稳定“两大奇迹”。一方面，我国用几十年时间走完了发达国家几百年走过的工业化道路，成为世界第二大经济体、第一制造大国和货物贸易大国、第一外汇储备大国，经济实力、科技实力、国防实力、综合国力进入世界前列。自 2002 年以来，中国对世界经济增长的平均贡献率接近30%，是拉动世界经济复苏和增长的重要引擎。另一方面，我国长期保持社会和谐稳定、人民安居乐业，成为国际社会公认的最有安全感的国家之一。尤其是党的十八大以来，中国特色社会主义事业取得了全方位的、开创性的成就，实现了深层次的、根本性的变革，解决了许多长期想解决而没有解决的难题，办成了许多过去想办而没有办成的大事，迎来了中华民族从站起来、富起来到强起来的伟大飞跃。实践最有说服力。正是创造“两大奇迹”的伟大实践，为增强对中国特色社会主义的自信奠定了坚实基础。

来自人民认可。党之所以能够发展壮大，中国特色社会主义之所以能够不断前进，正是因为依靠了人民；党之所以能够得到人民拥护，中国特色社会主义之所以能够得到人民支持，正是因为造福了人民。尤其是党的十八大以来，立足于顺应人民群众对美好生活的向往，我们党深入推进反腐败斗争、打赢蓝天碧水净土保卫战、打好精准脱贫攻坚战、开展扫黑除恶专项斗争等重大举措，赢得了人心、凝聚了共识、稳定了预期。获得感幸福感安全感显著提升的人民群众，对党充满了感激之情，对美好生活增添了真切憧憬，对跟党走坚定了无比信心。

来自国际比较。进入新发展阶段，中国已开启全面建设社会主义现代化国家新征程。曾几何时，西方国家的现代化路径被奉为圭臬，更有人提出了所谓“历史终结论”。但一段时间以来，“中国之治”与“西方之乱”形成鲜明对比，尤其是在新冠疫情这场全球公共卫生危机面前，我国高质量答好疫情防控考卷，千方百计稳住经济基本盘，取得了疫情防控重大战略成果，同时成为主要经济体中第一个实现正增长的国家。相反，截至美东时间2021年3月16日16时26分，美国新冠病毒感染累计确诊病例已超过2953万例，累计死亡病例超过53万例。同时，经济发展受到严重冲击，民众抗议此起彼伏。强烈的对比全面展示了“中国之治”的显著优势，坚定了我们的自信。

增强自信是具有重要意义的

自信不是盲目乐观，是与忧患意识辩证统一的。习近平总书记一再告诫：“无论什么时候我们都不能骄傲自满，党不能骄傲自满，国家不能骄傲自满，领导层不能骄傲自满，人民不能骄傲自满，而是要增强忧患意识、慎终追远，始终保持艰苦奋斗的作风。”同时，增强自信是以凝心聚力和不懈奋斗为基础，以应对挑战与化解风险为前提的。在党史学习教育中增强“四个自信”，对于在新征程上统揽“四个伟大”具有极其重要的意义。

增强自信是开展伟大斗争的精神引领。在新时代进行伟大斗争具有长期性、复杂性、艰巨性，必须坚决反对一切削弱、歪曲、否定党的领导和我国社会主义制度的言行，必须坚决反对一切损害人民利益、脱离群众的行为，必须坚决破除一切顽瘴痼疾，必须坚决反对一切分裂祖国、破坏民族团结和社会和谐稳定的行为，必须坚决战胜一切在政治、经济、文化、社会等领域和自然界出现的困难和挑战。增强自信，有利于更好地激发中国共产党人永不懈怠的精神状态和一往无前的奋斗姿态，有利于做好进行伟大斗争的思想准备与工作准备，有利于发扬斗争精神、把准斗争方向、坚定斗争信心、提高斗争本领、掌握斗争艺术，进而赢得斗争胜利。

增强自信是建设伟大工程的精神旗帜。根据中央组织部统计数据，截至 2019 年底，中国共产党党员总数为 9191.4 万名，党的基层组织 468.1 万个，是世界第一大党。在建设社会主义现代化国家的新征程上，必须把党建设得更加坚强有力，强国必先强党。增强自信，有助于在推进党的建设新的伟大工程中，消除一切损害党的先进性和纯洁性的因素，清除一切侵蚀党的健康肌体的病毒；有助于经受“四大考验”，克服“四种危险”；

有助于不断增强党的政治领导力、思想引领力、群众组织力、社会号召力，确保我们党永葆旺盛生命力和强大战斗力。

增强自信是推进伟大事业的精神动力。中国特色社会主义是前无古人的伟大事业，是与现代化密切关联的。中国特色社会主义现代化既有分阶段的战略安排，又具有富强民主文明和谐美丽的全面性特征。增强自信，有利于进一步把握历史发展规律和大势，始终掌握党和国家事业发展的历史主动；有利于着力应对前进道路上的风险挑战，坚守不犯颠覆性错误的底线；有利于凝聚鼓舞中华民族砥砺奋进的精神力量，汇聚向第二个百年奋斗目标冲刺的磅礴伟力。

增强自信是实现伟大梦想的精神标识。实现中华民族伟大复兴是近代以来中华民族最伟大的梦想，实现这个伟大梦想是中国共产党自成立以来就肩负的历史使命。习近平总书记指出："进入新发展阶段，是中华民族伟大复兴历史进程的大跨越。"增强自信，有助于谋求最大公约数，画出最大同心圆；有助于跨越新长征路上的许多"雪山""草地"，征服许多"娄山关""腊子口"；有助于以更加昂扬的姿态屹立于世界民族之林，为人类追求和平与发展的崇高事业作出更大贡献。

站在"两个一百年"奋斗目标历史交汇的关键节点上，拥有 14 亿中国人民聚合的磅礴之力，我们走自己的路，具有无比广阔的舞台，具有无比深厚的历史底蕴，具有无比强大的前进定力，具有无比坚定的自信。

（《北京日报》2021 年 3 月 22 日第 9 版）

在“学史崇德”中提升精神境界

习近平总书记在党史学习教育动员大会上提出，“全党同志要做到学史明理、学史增信、学史崇德、学史力行”。在这四个目标中，崇德是一种精神动力；学史崇德就是要崇尚对党忠诚的大德、为民造福的公德、严于律己的私德。只有做到学史崇德，学史明理才能真正入脑入心，学史增信才能坚定不移，学史力行才能务求实效，提升精神境界才能持久发力。

崇尚对党忠诚的大德

什么是大德？“德”在汉语中的记载，最早可追溯到先秦思想家老子所著的《道德经》一书。老子说：“道生之，德畜之，物形之，势成之。是以万物莫不尊道而贵德。”可见，中国自古就有重德的优良传统，认为“德”是涵养万物的承载。“天下至德，莫大乎忠。”习近平总书记指出：“对党忠诚，是共产党人首要的政治品质。”对于共产党人来讲，忠诚于党的信仰、忠诚于党的组织、忠诚于党的理论和路线方针政策就是大德。

对党忠诚，必须忠诚于党的信仰。党的信仰就是对马克思主义的信仰，对社会主义和共产主义的信念。这是共产党人的政治灵魂，也是共产党人经受住任何考验的精神支柱。共产党人首先要修好的大德就是要铸牢理想信念、锤炼坚强党性，在大是大非面前旗帜鲜明，在风浪考验面前无所畏惧，在各种诱惑面前立场坚定。我们党一路走来，经历了无数艰险和磨难，但任何困难都没有压垮我们，任何敌人都没能打倒我们，靠的就是千千万万党员对党的信仰无限忠诚。革命年代，方志敏“敌人只能砍下我们的头颅，决不能动摇我们的信仰”的舍生取义，江善忠“死到阴间不反水，保护共产党万万岁”的杀身成仁，都生动诠释了共产党人忠诚于党的信仰的大德。这也是中国共产党为什么能始终走在时代前列、经受住各种风险考验、完成历史使命的成功奥秘。

对党忠诚，必须忠诚于党的组织。党的力量来自组织。马克思主义认为，共产党是无产阶级有组织的部队，实行民主集中制和铁的纪律是其组织性的重要体现。每名党员都是党组织中的一分子，忠诚于党组织、服从于党组织是天经地义的基本要求。共产党人修大德，就是要牢记自己的第一身份是共产党员，第一职责是为党工作，做到忠诚于组织，任何时候都与党同心同德。1927 年 5 月，党的五大选举产生了首届中央监察委员会，委员会由王荷波、杨匏安等 10 名委员组成，他们在极端严酷环境下开展监察工作，没有一人背叛党组织，有 8 人先后牺牲在刑场或战场上，1 人在战争年代下落不明，最终只有 1 人看到了新中国的成立。王荷波和他的同事们的光辉事迹，用鲜血书写了对党组织的无限忠诚。在新时代，共产党员更需要强化组织意识，相信组织、依靠组织、服从组织，自觉接受组织安排和纪律约束，自觉维护党的团结统一。

对党忠诚，必须忠诚于党的理论和路线方针政策。党的理论和路线方针政策是我们党坚持以马克思主义为指导，结合中国实际，在长期奋斗中探索总结出来的，并在实践中不断发展完善，具有很强的科学性和指导性，是推动党的事业发展的根本遵循。我们党自成立以来，之所以能够成功应对各种风险挑战，取得举世瞩目的伟大成就，从某种意义上说靠的就是始终以马克思主义中国化的理论创新成果为指导，贯彻落实党的路线方针政策。如抗战时期，党中央和毛泽东同志就用一个电台来指挥千军万马，“嘀嗒嘀嗒”声就是党中央的决策部署，全党全军都无条件地忠实执行。正是因为坚持以毛泽东思想武装头脑，忠实执行党的路线方针政策，党领导的军队才能用小米加步枪战胜敌人的飞机加大炮。宝贵的历史经验启示我们，新时代共产党人更要自觉忠于党的理论和路线方针政策。

学史崇德，就是要从党的百年奋斗征程中感悟并崇尚一代代共产党人对党忠诚的大德，筑牢信仰之基、补足精神之钙、把稳思想之舵，牢固树立“四个意识”、坚定“四个自信”、做到“两个维护”，自觉用党的理论创新成果武装头脑，全面贯彻执行党的路线方针政策。

崇尚为民造福的公德

什么是公德？公德是指为维护社会公众的安宁和幸福所展现出来的良好品行和高尚情操。习近平总书记指出：“守公德，就是要强化宗旨意识，全心全意为人民服务，恪守立党为公、执政为民理念，自觉践行人民对美好生活的向往就是我们的奋斗目标的承诺，做到心底无私天地宽。”中国自古就有大道之行、天下为公的民本思想，强调为公就是大道、为民即公德。中国共产党人批判地继承了民本思想的合理因素，秉持“江山就是人民、人民就是江山”的执政理念，坚持立党为公、执政为民，始终把群众路线贯彻到治国理政全部活动中。毫无疑问，造福于民是我们党坚持人民至上价值追求的集中体现，也是共产党人必须崇尚的基本公德。

为民造福，必须不怕牺牲。马克思主义认为，人民群众是历史的创造者，无产阶级的运动是为绝大多数人谋利益的独立的运动，无产阶级政党是为绝大多数人谋利益的政党。中国共产党作为马克思主义政党，党性和人民性从来都是一致的、统一的，除了人民利益之外没有自己的特殊利益，党的一切工作都是为了实现好、维护好、发展好最广大人民根本利益。在党的百年波澜壮阔的历史进程中，共产党人为了人民的利益，前赴后继地进行了艰苦卓绝的斗争，付出巨大牺牲。据不完全统计，毛泽东同志一家为革命牺牲了 6 位亲人，徐海东大将家族牺牲 70 多人，贺龙元帅宗亲牺牲 2000 多人，全国仅有据可查的烈士就达 370 多万人。事实证明，近代以来，没有一个政党能像我们党这样，为了人民的利益作出如此巨大的牺牲。正是共产党人用鲜血和生命践行了“为党和人民牺牲一切”的铮铮誓言，才赢得了人民的强有力支持，建立了人民当家作主的政权。

为民造福，必须不怕吃苦。《中国共产党廉洁自律准则》明确要求，共产党员要坚持吃苦在前，享受在后，甘于奉献。回望来时路，我们党取得一切伟大成就，无不是苦出来、干出来的。彭德怀同志坦言：“我彭德怀参加共产党，党给我唯一的‘特权’，就是带头吃苦。”在社会主义建设时期，福建东山的人民群众自发形成了一个习俗，每逢春节、清明等传统节日，都会“先祭谷公、后祭祖宗”，他们带着朴素的感情缅怀带领他们艰苦奋斗、战胜贫困、过上好日子的谷文昌。这只是千百万共产党人为造福人民不怕苦、能吃苦的一个缩影，展示了共产党人以苦为乐、以苦为荣、勇于吃苦、带头吃苦的壮阔胸怀和崇高品德。前进道路上，还会有新的“娄山关”“腊子口”要闯，有新的“雪山”“草地”要跨越，我们更要大力发扬不怕苦、能吃苦的精神，在新时代创造新的历史辉煌。

为民造福，必须不怕吃亏。不怕吃亏、甘愿吃亏体现的是共产党人“采得百花成蜜后，为谁辛苦为谁甜”的无私奉献精神，反映的是共产党人“毫不利己专门利人”的爱民为民情怀。为了实现共同富裕，兑现“全面小康一个也不能少”的庄严承诺，我们党展开了新时代脱贫攻坚的大决战，数百万党员干部舍小家为大家，奔向边远的贫困地区，将最美的年华无私奉献给了脱贫事业，涌现出许多感人肺腑的先进事迹。如献身教育扶贫、点燃大山女孩希望的张桂梅，用实干兑现“水过不去、拿命来铺”誓言的黄大发，回乡奉献、谱写新时代青春之歌的黄文秀等。历史充分证明，我们之所以能在共同富裕道路上阔步向前，正是因为许多优秀共产党人甘于清贫、乐于奉献、勇于吃亏，不计得失地为人民办实事办好事，才使9899万农村人口全部摆脱贫困，才创造出又一个彪炳史册的人间奇迹，也必将使党同人民的血肉联系更加坚实。

学史崇德，就是要从党的非凡历史中感悟并崇尚一代代优秀共产党人在革命、建设和改革进程中展现出来的为维护人民利益而不怕牺牲不怕吃苦不怕吃亏的崇高品德，不断追求“我将无我，不负人民”的精神境界，坚守并践行全心全意为人民服务的根本宗旨。

崇尚严于律己的私德

什么是私德？私德是私人生活中的道德规范。习近平总书记指出，“严私德，就是要严格约束自己的操守和行为”。网络上有句流行语：私德若是“光着脚”，公德注定“无法跑”。这一语道破了“私德不立，公德难守，大德难彰”的内在关联。共产党人的私德包含很多内容，但有三个方面是最基本的：从自身修炼的方面讲，就是要严于修身，不断提升自己的思想境界，做到慎独慎微；从外在监督的方面讲，就是要习惯于在监督约束条件下工作与生活；从管好身边人的方面讲，就是要严格家教家风，做良好家风建设的表率。

严于律己，必须坚持严于修身、慎独慎微。修身是立身之基、从政之道、成事之要。马克思主义认为，共产党是由工人阶级中有共产主义觉悟的先进分子所组成的，共产党的成员必须是“最坚定的共产主义者也是最勇敢的士兵”。为了保持党的先进性和纯洁性，共产党人必须进行严格的自我修炼。早在延安时期，毛泽东同志就明确指出，共产党员要做“一个高尚的人，一个纯粹的人，一个有道德的人，一个脱离低级趣味的人，一个有益于人民的人”。刘少奇同志强调“每个党员都必须从各方面加强自己的修炼和修养”。共产党人是这么说的，也是这么做的。周恩来同志经常以《我的修养要则》对照言行，吴玉章同志一辈子坚守“自省座右铭”，谢觉哉同志常与自己“打官司”。老一辈革命家严于修身律己的事迹为我们学史崇德提供了历史镜鉴，树立了光辉榜样。

严于律己，必须习惯在监督约束下工作生活。能不能正确对待、自觉接受党和人民监督，是衡量党性修养好坏和道德水平高低的重要标尺。中央苏区时期，我们党就提出“为了巩固工农民主专政，苏维埃必须吸引广大民众对于自己工作的监督与批评”。延安时期，“让人民来监督政府”的“窑洞对”至今仍被广泛传颂。《关于新形势下党内政治生活的若干准则》明确指出：“党内不允许有不受制约的权力，也不允许有不受监督的特殊党员”，“领导干部要正确对待监督，主动接受监督，习惯在监督下开展工作，决不能拒绝监督、逃避监督”。监督是阻止越轨的“刹车器”，也是防止其蜕变的“防腐剂”。在监督的环境下工作生活，表面上看约束多了，其实是给成长进步加了一道防波堤、上了一把安全锁。新时代的共产党人，必须树立更高标准自觉接受监督，把党和人民的监督视作最大的关心、最好的保护、最真诚的帮助，养成在监督约束下工作与生活的习惯。

严于律己，必须严格家教家风。家教家风是共产党人私德的重要体现，具有涵养道德、厚植文化、润泽心灵的德治作用。注重家教家风建设，是我们党的优良传统，也是加强私德建设的重要内容。如毛泽东同志确立了“恋亲不为亲徇私、念旧不为旧谋利、济亲不为亲撑腰”的亲情“三原则”，罗荣桓同志提出了“永远做老实人、靠自己的本事吃饭、不要搞特殊”的家训家规，等等。老一辈革命家以近乎苛刻的家教家风家规要求，树起了崇高的精神风范，展现了强大的人格魅力，彰显了共产党人怀德自重的精神境界。当前，面对新时代新形势新要求，面对履职尽责的各种考验和挑战，面对现实中的种种诱惑和“围猎”，必须更加注重加强家教家风建设，为身边人作出榜样、当好表率。

学史崇德，就是要在党史学习中感悟并崇尚老一辈革命家严于修身律己、自觉接受监督约束、严格家教家风的伟大品格，自觉把个人追求和人生价值体现在为党和人民事业奋斗之中，做到在生死考验前大义凛然、在苦乐考验中矢志不渝、在公私考验前高风亮节，不断提升共产党人的精神境界。

（《北京日报》2021 年 3 月 29 日第 9 版）

在“学史力行”中彰显担当作为

质胜于华，行胜于言，党史学习不仅在于知，更在于行。习近平总书记在党史学习教育动员大会上强调：“全党同志要做到学史明理、学史增信、学史崇德、学史力行。”学史力行是明理、增信、崇德的归宿与落脚点，是开展党史学习教育的关键环节。学史力行，要行之有力、行之有效，达到“力行而后知之真”，以破解知行“两张皮”难题。在“学史力行”中彰显担当作为，必须在听从中央号令上雷厉风行，在岗位履职尽责上大显身手，在为群众办实事上尽心竭力，在提升自身修养上走在前列。

在听从中央号令上雷厉风行

习近平总书记指出：“要教育引导全党从党史中汲取正反两方面历史经验，坚定不移向党中央看齐，不断提高政治判断力、政治领悟力、政治执行力，自觉在思想上政治上行动上同党中央保持高度一致，确保全党上下拧成一股绳，心往一处想、劲往一处使。”百年以来，我们党从小到大，从弱到强，从近代中国数百个政党中脱颖而出，在世界数千个政党中卓尔出群，一条重要的经验就是上下团结一致，党中央一发出号令，党员干部就闻令而动、舍身用命，以“其疾如风，其徐如林，侵掠如火，不动如山”的战斗姿态，战胜前进道路上的一切困难和挑战。

从百年党史看，这条经验践行得好，党的事业就大踏步前进，反之则遭受挫折。1945 年抗战胜利后东北成为战略焦点，党中央高瞻远瞩决定从各根据地抽调党员干部和部队进入东北，21 名中央委员和候补中央委员、2 万多名党员干部、10 余万部队先后奔赴东北。这样大范围、大规模的人员调动，涉及党员干部的去留升降，但没有人讨价还价，一切为了战略大局，一切服从中央部署。进军东北开辟解放区、打赢辽沈战役，大大促进了解放战争进程，为全国解放奠定了坚实的基础。反观 1935 年张国焘自恃地方力量强大，个人野心膨胀，反复拒绝执行党中央关于北上的战略方针，甚至还企图危害党中央，后率左路军南下于 10 月另立“中央”，犯下反党分裂主义严重错误，最终给党的革命事业造成严重损失。

事在四方，要在中央。回顾过去，党的历史反复证明，坚持党中央集中统一领导，坚决听从党中央号令，是党的生命力、战斗力的关键所在，是党不断成长壮大、创造世纪伟业的关键所在。面向未来，我们要在新时代新长征路上突破新的“娄山关”“腊子口”，必须从党的历史中汲取经验与智慧，做到党中央号令，坚决响应、令行禁止、使命必达；党中央重大决策部署，不打折扣、不做选择、不搞变通地贯彻落实，以实际行动严守党的政治纪律和政治规矩，切实做到“两个维护”。

在岗位履职尽责上大显身手

时代造就英雄，伟大来自平凡。百年以来，我们党在不同历史时期进行伟大斗争、建设伟大工程、推进伟大事业、实现伟大梦想，都离不开党员干部在各自平凡的岗位上履职尽责、担当作为。正如繁星绘就苍穹、细流汇成江海，无数党员干部在不同岗位上为了共同目标倾力倾情奉献，才合力创造了革命、建设、改革时期一系列举世瞩目的伟大成就。

从革命年代“人与阵地共存亡”到建设时期“为党和人民当一辈子老黄牛”，从改革开放新时期“杀出一条血路来”到新时代“白衣执甲抗疫，尽锐出战扶贫”，无数党员干部把岗位当作战位，大公无私、公而忘私，谱写了无数可歌可泣的动人故事。1950 年 11 月在长津湖之战中，南逃的美军见到了这样悲壮的一幕：一排排志愿军战士俯卧在零下 40 多摄氏度的阵地上，手握钢枪、手榴弹，保持着战斗姿态和队形，因酷寒被冻成了“冰雕”成建制地牺牲在阵地上。“冰雕连”全体指战员在高寒地区狙敌，为了不暴露目标，在漫天冰雪中如烈火中的邱少云一样，为了战斗的胜利宁死也要坚守战位。一名战士在绝笔诗中写道：“我爱亲人和祖国，更爱我的荣誉。我是一名光荣的志愿军战士，冰雪啊！我决不屈服于你，哪怕是冻死，我也要高傲地耸立在我的阵地上。”1962 年东北松辽石油大会战打响，王进喜带领 1205 钻井队参战，钻机到了，但没有吊车和拖拉机，汽车也不足。王进喜带领全队工人用撬杠撬、滚杠滚、大绳拉的办法把钻机卸下来运到井场，仅用 4 天时间把 40 米高的井架竖立在茫茫荒原上。井架立起来后，没有打井用的水，王进喜组织职工到附近的水泡子破冰取水，带领大家用脸盆端、水桶挑，硬是靠人力端水 50 多吨，保证了按时开钻，在如此艰苦的工作条件下创造 5 天零 4 小时打一口中深井的纪录，为会战立下大功。在百年党史上，这样的故事不胜枚举。

昨天是今天的历史，今天是明天的历史，百年党史一脉相承。新时代，我们党团结带领人民进行伟大斗争、建设伟大工程、推进伟大事业、实现伟大梦想，不是抽象的宏大叙事，而是要具体落实到每个地区、每个行业、每个单位、每个党支部直至每个党员干部。学史力行就是要继承和发扬先辈们的奉献精神，在“国之大者”中明确使命职责，在历史任务中找准角色定位，在实际工作中做到履职奉献。在工作岗位上，既要正确处理好公与私、义与利、得与失的关系，做到“守土有责、守土担责、守土尽责”，还要积极担当作为创造性地开展工作，做出无愧于党和人民、无愧于历史和时代的成绩，在成就党和人民的伟大事业中成就自我。

在为群众办实事上尽心竭力

为什么人的问题，是检验一个政党、一个政权性质的试金石。我们党自成立以来把全心全意为人民服务作为根本宗旨，始终把维护好、实现好、发展好人民群众的根本利益作为自己的奋斗目标。在革命、建设、改革历程中，我们党先后为民族独立、人民解放而战斗，为国家富强、人民富裕而奋斗，不断解决人民群众最关心最直接最现实的问题，赢得了人民信任，得到了人民支持，受到了人民的拥护，才成功应对无数风险挑战、克服无数艰难险阻，成就百年伟业。

百年党史，是一部践行初心使命的历史，是一部与人民心连心、同呼吸、共命运的历史，也是一部为人民群众解难题、办实事的历史。在土地革命时期，毛泽东同志指出："我们对于广大群众的切身利益问题，群众的生活问题，就一点也不能疏忽，一点也不能看轻。"他特别强调："解决群众的穿衣问题，吃饭问题，住房问题，柴米油盐问题，疾病卫生问题，婚姻问题。总之，一切群众的实际问题，都是我们应当注意的问题。"1933 年 4 月，临时中央政府从瑞金叶坪迁到沙洲坝后，毛泽东同志发现当地用水紧张，就组织干部战士用大楠竹做材料铺设简易水管，用大木桶蓄水，缓解当地群众饮水困难。为彻底解决饮水问题，他还带着区乡干部和红军战士跋山涉水勘定水库坝址，在村里打井，有一位老婆婆双手捧起清冽的井水高兴地说："毛主席，您真替我们把什么心都操到了。"抗战时期，中共关中分委驻马家堡时，农民马团儿的妻子生小孩时发生难产，情况危急。习仲勋同志知道后，即派警卫员帮忙请来大夫，买了药品，使婴儿顺利出生，母子平安。全家人感动得不知道说什么好！

百年以来，一代又一代共产党人正是把人民群众冷暖挂在心上，无微不至地关爱人民群众，尽心竭力为人民群众办实事、办好事，赢得了广大人民群众的认同与拥护。新时代我国社会的主要矛盾已经转化为人民日益增长的美好生活需要和不平衡不充分的发展之间的矛盾，人民对美好生活的向往就是我们党的奋斗目标。学史力行就是要传承党的光荣传统和优良作风，在实际工作中切实解决好人民群众对就业、教育、医疗、居住、养老等物质文明方面的美好生活需要，解决好对自由、平等、公正、法治等政治文明方面的美好生活需要，解决好思想、道德、科学、文化等精神文明方面的美好生活需要，以此检验党史学习教育的成效。

在提升自身修养上走在前列

打铁还要自身硬，不断提升自身修养、增强拒腐防变和抵御风险能力，是共产党人的自我追求和永恒主题。习近平总书记指出："党的百年历史，也是我们党不断保持党的先进性和纯洁性、不断防范被瓦解、被腐化的危险的历史。"我们党是由先进分子组成的先锋队，具有保持先进性和纯洁性的高度政治自觉。从革命、建设到改革，党勇于开展自我革命，敢于直面问题刮骨疗毒，努力消除一切损害党的先进性和纯洁性的因素，清除一切侵蚀党的健康肌体的病毒，确保党永葆旺盛生命力和强大战斗力。

百年党史，我们党在不断自我净化、自我完善、自我革新、自我提高中一路走来，不断提升自身修养是对每一名共产党员的严格要求。不管是什么人，只要不注意提升自身修养，腐化蜕变，违反党纪国法，都要被严肃问责、严格惩处。土地革命时期，叶坪村苏维埃政府主席谢步升，利用职权贪污打土豪所得财物，偷盖苏维埃临时中央政府管理科公章，伪造通行证私自贩运物资到白区出售，谋取私利。他为了掠取钱财甚至还秘密杀害红军干部。面对谢步升案，毛泽东同志非常生气并指示说："绝不姑息，腐败不清除，苏维埃旗帜就打不下去，共产党就会失去威望和民心！与贪污腐化作斗争，是我们共产党人的天职，谁也阻挡不了！”从谢步升开始，唐达仁、黄克功、刘青山、张子善等腐败分子被清除出党的队伍，成为反面教材。在党史上，更多涌现的是道德高尚、严于律己的光辉榜样，如在第五次反“围剿”失利后，江西省苏维埃政府主席刘启耀背着金条乞讨数年，历尽千辛万苦寻找党组织继续干革命，不动用分毫党的经费。在长征过雪山途中，有个同志穿着单薄的旧衣服被冻死，指挥员让把军需处长叫来，想问问他为什么不给这个被冻死的同志发棉衣，队伍里的同志含泪告诉他，被冻死的这个同志就是军需处长。

物必先腐，而后虫生。学史力行就是要通过总结历史经验教训，在新时代全面从严治党条件下，不断提升自身修养，增强拒腐防变和抵御风险能力。要坚持慎独慎初慎微，从小事小节上正心明道，自觉净化工作圈、朋友圈，管好身边人、身边事，树立良好家风，严以修身；坚持不搞特权、不以权谋私，将权力关进制度的笼子，严以用权；坚持三省吾身，心存敬畏、手握戒尺，时刻自重、自省、自警、自励，严以律己。只有在不断提升自身修养上严格要求、走在前列，才能在新时代赓续共产党人的精神血脉，在全面建设社会主义现代化国家的新征程上建功立业。

（《北京日报》2021 年 4 月 12 日第 9 版）

中国共产党引领民族复兴的深刻启示

中国共产党是实现中华民族伟大复兴的引领者。习近平总书记在庆祝中国共产党成立100周年大会上的讲话中指出，“一百年来，中国共产党团结带领中国人民进行的一切奋斗、一切牺牲、一切创造，归结起来就是一个主题：实现中华民族伟大复兴。”回顾党引领民族复兴的百年奋斗历程，从中看清楚过去我们为什么能够成功、弄明白未来我们怎样才能继续成功，对于在新征程上奋力实现中华民族伟大复兴具有重要意义。

党的坚强领导是中华民族伟大复兴的根本保证

办好中国的事情，关键在党。中国共产党领导是中国特色社会主义最本质的特征，是中国特色社会主义制度的最大优势。我们党是具有鲜明政治优势、理论优势、组织优势、作风优势和纪律优势的无产阶级政党，是具有强大政治领导力、思想引领力、群众组织力、社会号召力的马克思主义政党，是在历史的反复筛选中、在各种政治力量的反复较量中，最终成为担当民族复兴重任的最高政治领导力量的。在新征程上奋力实现中华民族伟大复兴，必须坚持党的全面领导，不断完善党的领导体制机制，增强“四个意识”、“坚定四个自信”、做到“两个维护”；必须不断提高党科学执政、民主执政、依法执政水平，充分发挥党总揽全局、协调各方的领导核心作用；必须坚持党要管党、全面从严治党，勇于自我革命，坚决清除一切损害党的先进性和纯洁性的因素，坚决清除一切侵蚀党的肌体健康的病毒，确保党不变质、不变色、不变味；必须坚持以党的政治建设为统领，继续推进新时代党的建设新的伟大工程，不断提高党的建设质量，把党建设成为经得起各种风浪考验、朝气蓬勃的马克思主义执政党。

人民群众是实现中华民族伟大复兴的依靠力量

人民是历史的创造者，是社会历史发展的力量源泉。我们党的根基在人民、血脉在人民、力量在人民。忘记了人民、脱离了人民，我们党就会成为无源之水、无本之木，就会一事无成。只有得到人民的支持和拥护，汇聚人民的智慧与力量，民族复兴大业才能顺利推进。在新征程上奋力实现中华民族伟大复兴，必须坚守“江山就是人民、人民就是江山”的理念，站稳人民立场，坚持人民主体地位，自觉践行以人民为中心的发展思想，全心全意为人民服务；必须贯彻党的群众路线，尊重人民首创精神，坚持从群众中来到群众中去，最大限度地激发人民群众的创造热情，最大限度地团结一切可以团结的力量、调动一切可以调动的积极因素，最大限度凝聚起民族复兴的磅礴力量；必须永远把人民对美好生活的向往作为奋斗目标，着力解决人民最关心最直接最现实的利益问题，着力解决人民群众急难愁盼的问题，着力解决发展不平衡不充分的问题，推动全体人民共同富裕取得更为明显的实质性进展。

马克思主义是实现中华民族伟大复兴的科学指南

马克思主义是科学的世界观和方法论，是具有科学性、人民性、实践性、开放性品格的伟大思想理论，至今仍占据着真理与道义的制高点。我们党在引领民族复兴的历史进程中，坚持把马克思主义基本原理同中国具体实际相结合，不断推进马克思主义中国化，先后创立了毛泽东思想、邓小平理论，形成了“三个代表”重要思想、科学发展观，创立了习近平新时代中国特色社会主义思想。历史充分说明，有了马克思主义与中国实际相结合而形成的创新理论的科学指引，中华民族伟大复兴就有了正确方向，也有了光明前景。在新征程上奋力实现中华民族伟大复兴，必须坚持把马克思主义基本原理同中国具体实际相结合、同中华优秀传统文化相结合，不断丰富和发展21世纪中国的马克思主义，为实现中华民族伟大复兴提供科学指引；必须不断推进实践基础上的理论创新，用鲜活丰富的当代中国实践来推动马克思主义发展，用宽广视野吸收人类创造的一切优秀文明成果，不断丰富马克思主义理论宝库；必须在改革中守正出新、不断超越自己，及时回答时代之问、人民之问、实践之问，廓清困扰和束缚中华民族伟大复兴的思想迷雾，不断深化对共产党执政规律、社会主义建设规律、人类社会发展规律的认识。

中国特色社会主义是实现中华民族伟大复兴的正确道路

一个国家实行什么样的主义，关键要看这个主义能否解决这个国家面临的历史性课题。为了实现中华民族伟大复兴，我们党带领人民历经千难万险，付出巨大牺牲，赢得新民主主义革命胜利，开展社会主义革命和社会主义建设，确立社会主义制度，在新时期开创中国特色社会主义，在新时代坚持和发展中国特色社会主义。习近平总书记指出：“改革开放以来，我们总结历史经验，不断艰辛探索，终于找到了实现中华民族伟大复兴的正确道路，取得了举世瞩目的成果。这条道路就是中国特色社会主义。”走在社会主义的人间正道上，我国创造了世所罕见的经济快速发展奇迹和社会长期稳定奇迹，中华民族迎来了从站起来、富起来到强起来的伟大飞跃，实现中华民族伟大复兴进入了不可逆转的历史进程。历史充分证明，只有社会主义才能救中国，只有社会主义才能发展中国，只有坚持和发展中国特色社会主义才能实现中华民族伟大复兴。在新征程上奋力实现中华民族伟大复兴，必须更加坚定道路自信，始终保持清醒头脑，保持强大定力，坚决不在根本性问题上犯颠覆性错误，既不走封闭僵化的老路，也不走改旗易帜的邪路；必须更加坚定理论自信，特别是对习近平新时代中国特色社会主义思想的高度自信，以科学理论引领民族复兴伟大实践；必须更加坚定制度自信，坚持和巩固、完善和发展我国国家制度和国家治理体系，不断把制度优势更好转化为治理效能；必须更加坚定文化自信，不断激发全民族文化创造活力，更好构筑中国精神、中国价值、中国力量，为实现民族复兴提供强大精神动力。

坚持伟大斗争是实现中华民族伟大复兴的有效手段

认识并运用社会矛盾运动规律，坚持斗争、不懈斗争、在斗争中前进，是实现中华民族伟大复兴的必然选择。我们党在带领人民实现民族复兴的历程中取得的每一个伟大胜利都是通过伟大斗争取得的：新民主主义革命时期，推翻三座大山，建立新中国，实现民族独立和人民解放，为民族复兴创造根本社会条件，靠的是伟大斗争；社会主义革命和建设时期，进行“一化三改”实现社会变革，奋力拼搏改变积贫积弱的面貌，为民族复兴奠定根本政治前提和制度基础，靠的是伟大斗争；改革开放和社会主义现代化建设时期，破除制约和束缚国家和民族发展的体制机制，为民族复兴提供充满活力的体制保证和快速发展的物质条件，靠的是伟大斗争；新时代，统筹推进“五位一体”总体布局、协调推进“四个全面”战略布局，成功应对风云变幻的国际形势，战胜一系列重大风险挑战，为民族复兴提供更为完善的制度保证、更为坚实的物质基础、更为主动的精神力量，靠的是伟大斗争。在新征程上实现中华民族伟大复兴，绝不是轻轻松松、敲锣打鼓就能实现的，前进道路上还面临着一系列重大风险和严峻挑战，必须进行具有许多新的历史特点的伟大斗争。必须牢牢把握斗争方向，对于那些危害我国实现第二个百年奋斗目标、迟滞中华民族伟大复兴进程的各种风险挑战，只要来了，就必须进行坚决斗争，毫不退缩，直至胜利；必须发扬斗争精神，增强忧患意识，坚定斗争意志，坚持从党的精神谱系中汲取斗争智慧和力量，传承共产党人在斗争面前不怕牺牲、不怕吃苦、不怕吃亏的红色基因，以压倒一切困难而不为困难压倒的决心和勇气推进民族复兴大业；必须增强斗争本领，掌握斗争艺术，坚持在严格的思想淬炼、政治历练、实践锻炼、专业训练中提高斗争能力，在严峻的斗争实践中锻造实现民族复兴的高强本领。

（《北京日报》2021 年 7 月 5 日第 10 版）

附录

中央党校（国家行政学院）研究室主任解读六中全会精神——

深刻揭示我们党发展“由小到大”的基因密码 树起伟大政党的丰碑

阅读提要

一百年来，中国共产党之所以在自身不断成长壮大的同时，发挥如此巨大的领航作用，创造出“当惊世界殊”的伟大成就，就在于具有独特的政治品格和制胜之道。

习近平总书记提出的一系列管党治党新理念新思想新战略，深刻回答了“建设什么样的长期执政的马克思主义政党，怎样建设长期执政的马克思主义政党”这一重大时代课题，深化与拓展了党的建设的视野与格局、方法与布局、路径与举措，丰富与发展了马克思主义执政党建设理论，推动党在革命性锻造中焕发出强大生机与活力。

回望百年奋斗历程，我们党之所以能够在现代中国各种政治力量的反复较量中脱颖而出，之所以能够始终走在时代前列，之所以能够成为中国人民和中华民族的主心骨，就在于中国共产党始终保持自我革命精神，以伟大自我革命推动伟大社会革命，树起了伟大政党的丰碑。

访谈嘉宾

郝永平　中央党校（国家行政学院）研究室主任

中国共产党走出了一条富有辩证思维的制胜之道

记者：党的十九届六中全会审议通过的《中共中央关于党的百年奋斗重大成就和历史经验的决议》指出，党成立时只有五十多名党员，今天已成为拥有九千五百多万名党员、领导着十四亿多人口大国、具有重大全球影响力的世界第一大执政党。中国共产党“由小到大”的成长历程蕴含着什么样的基因密码？有怎样的独特的政治品格和制胜之道？

郝永平：一个民族的觉醒离不开思想先锋，一个民族的振兴离不开强大政党。一百年来，中国共产党之所以在自身不断成长壮大的同时，发挥如此巨大的领航作用，创造出“当惊世界殊”的伟大成就，就在于具有独特的政治品格和制胜之道。

主义真。中国共产党为什么能，中国特色社会主义为什么好，归根到底是因为马克思主义行。党坚持把马克思主义写在自己的旗帜上，不断推进马克思主义中国化时代化，用马克思主义中国化的科学理论引领伟大实践。马克思主义的科学性和真理性、人民性和实践性、开放性和时代性在我们党的百年奋斗中得到了充分检验、充分贯彻、充分彰显。

作风好。我们党高度重视作风建设，将其作为关系人心向背、关系党的生死存亡的重大问题。从革命年代的“三大优良作风”到和平建设年代的“两个务必”，再到新时代不断加强作风建设，党的优良作风在历史传承中不断发扬光大。

纪律严。我们党是靠革命理想和铁的纪律组织起来的马克思主义政党，纪律严明是党的光荣传统和独特优势。依靠纪律保持团结一致、依靠纪律增强战斗活力、依靠纪律应对风险挑战，是我们党始终走在时代前列的重要保证。

爱人民。来自人民、依靠人民、为了人民，是贯穿中国共产党百年历史的核心线索。回看历史，革命、建设、改革的道路是我们党带领人民一起奋斗走出来的；展望前路，光明的未来依然要靠我们党带领人民一起奋斗来创造。

目标明。中国共产党有着远大理想抱负，是以实现共产主义为最高纲领的马克思主义政党。一百年来，中国共产党团结带领中国人民进行的一切奋斗、一切牺牲、一切创造，归结起来就是一个主题：实现中华民族伟大复兴。为了实现民族复兴，党领导人民不懈奋斗，从第一个五年计划到第十四个五年规划，从“四个现代化”到全面建设社会主义现代化强国，从“三步走”发展战略到“两个百年”奋斗目标，推动社会主义现代化建设和中华民族伟大复兴的蓝图一步步变成现实。

在百年奋斗历程中，我们党善于运用马克思主义立场、观点、方法来分析和解决中国实际问题，走出了一条富有辩证思维的制胜之道。从历史任务看，中国共产党注重协同推进社会革命与自我革命，善于以自我革命引领伟大社会革命；从力量源泉看，中国共产党充分吸取真理的力量，又善于汇聚人民的力量，在社会实践中推进真理与价值的统一；从实践路径看，中国共产党坚守底线有定力，推进创新有魄力，并将二者统一于践行初心使命的实践中；从坚强保障看，中国共产党始终坚持思想建党和制度治党同向发力，在思想建党过程中推进制度治党，在制度治党过程中保障思想建党；从精神状态看，中国共产党既有坚定的自信，又始终保持忧患意识，为始终走在时代前列、应对风险挑战筑牢底气并守住底线。这五对关系共同构成了中国共产党核心竞争力的要诀。

党在革命性锻造中焕发出强大生机与活力

记者：建设什么样的长期执政的马克思主义政党，怎样建设长期执政的马克思主义政党这个重大时代课题，习近平总书记提出了怎样的原创性的新理念新思想新战略？

郝永平：党的十八大以来，针对一个时期党内存在的对坚持党的领导认识模糊、落实乏力问题，习近平总书记创造性地提出，中国共产党领导是中国特色社会主义最本质的特征，是中国特色社会主义制度的最大优势，中国共产党是最高政治领导力量，中国共产党的领导是党和国家的根本所在、命脉所在，是全国各族人民的利益所系、命运所系；强调必须坚持和加强党的全面领导，党的领导是全面的、系统的、整体的，保证党的团结统一是党的生命；强调必须提高党科学执政、民主执政、依法执政水平，提高党把方向、谋大局、定政策、促改革的能力，确保充分发挥党总揽全局、协调各方的领导核心作用。这既是对百年奋斗历史经验的深刻总结，又是对坚持和加强党的领导作出的创新论述。

在加强党的建设问题上，习近平总书记反复强调，办好中国的事情关键在党，关键在党要管党、全面从严治党。新时代党的建设的总要求是，以加强党的长期执政能力建设、先进性和纯洁性建设为主线，以党的政治建设为统领，以坚定理想信念宗旨为根基，以调动全党积极性、主动性、创造性为着力点，不断提高党的建设质量；新时代党的建设总布局是，全面推进党的政治建设、思想建设、组织建设、作风建设、纪律建设，把制度建设贯穿其中，深入推进反腐败斗争；新时代党的建设总目标是，把党建设成为始终走在时代前列、人民衷心拥护、勇于自我革命、经得起各种风浪考验、朝气蓬勃的马克思主义执政党。

习近平总书记提出"全面从严治党，核心是加强党的领导，基础在全面，关键在严，要害在治”，强调“全面从严治党永远在路上”。具体来说，一是坚持思想从严，强调理想信念是共产党人精神上的“钙”，以坚定的理想信念筑牢信仰之基；二是坚持旗帜鲜明讲政治，坚决维护党中央权威和集中统一领导；三是坚持作风从严，着力解决群众反映强烈的突出问题，保持党同人民群众的血肉联系；四是坚持治吏从严，压实管党治党责任，抓住“关键少数”，习惯在受监督和约束的环境中工作生活；五是坚持反腐从严，以零容忍的态度惩治腐败，一体推进不敢腐、不能腐、不想腐；六是坚持执纪从严，强调纪严于法，深化运用“四种形态”，严格执行铁的纪律；七是坚持监督从严，依纪依法设定权力、规范权力、制约权力、监督权力。

习近平总书记提出的这些管党治党新理念新思想新战略，深刻回答了“建设什么样的长期执政的马克思主义政党，怎样建设长期执政的马克思主义政党”这一重大时代课题，深化与拓展了党的建设的视野与格局、方法与布局、路径与举措，丰富与发展了马克思主义执政党建设理论，推动党在革命性锻造中焕发出强大生机与活力。

以伟大自我革命推动伟大社会革命

记者：习近平总书记指出，我们党的百年奋斗史表明，伟大的马克思主义政党不是天生的，而是在长期社会实践中锻造而成的，是在不断自我革命中淬炼而成的。自我革命在党“由小到大”的发展历程中发挥着怎样的关键作用？

郝永平：马克思主义认为，那些发展着自己的物质生产和物质交往的人们，在改变自己的这个现实的同时也改变着自己的思维和思维的产物。对于无产阶级政党来说，要完成自己的历史使命，实现共产主义远大理想，基本前提是必须始终保持自己的革命性，绝不放松解决自身存在的问题。

中国共产党的百年征程，既是一部波澜壮阔的社会革命史，也是一部激浊扬清的自我革命史。早在革命时期，我们党就对纪律作出明确规定，坚决查处贪污、以权谋私等消极腐化行为，极力消除主观主义、宗派主义与党八股的消极影响，维护党的团结统一。在建设时期，我们党开展整风、整党，着力解决党内存在的思想不纯、作风不纯、组织不纯等问题。改革开放后，我们党一手抓改革发展、一手抓惩治腐败，将其贯穿社会主义现代化建设全过程。党的十八大以来，我们党坚持思想建党与制度治党同向发力，坚持"打虎""拍蝇""猎狐"无禁区、全覆盖、零容忍，管党治党宽松软状况得到根本扭转，全面从严治党的政治引领和保障作用充分发挥。从总体上看，通过进行自我革命，促进党在政治上更加坚定、在思想上更加清醒、在组织上更加巩固、在纪律上更加严明、在作风上更加优良、在廉洁上更加自律、在制度上更加健全，为把党建设得更加坚强有力扫清了障碍。

回望百年奋斗历程，我们党之所以能够在现代中国各种政治力量的反复较量中脱颖而出，之所以能够始终走在时代前列，之所以能够成为中国人民和中华民族的主心骨，就在于我们党始终保持自我革命精神，以伟大自我革命推动伟大社会革命，树起了伟大政党的丰碑。

做始终走在时代前列的马克思主义执政党

记者：百年奋斗锻造了走在时代前列的中国共产党。踏上向第二个百年奋斗目标奋进的新的赶考之路，我们党如何才能始终走在时代前列？

郝永平：以科学理论指导来观察时代。马克思主义是揭示时代主题与本质、指引时代发展方向的科学理论，是我们立党立国的指导思想；作为当代中国马克思主义、二十一世纪马克思主义，习近平新时代中国特色社会主义思想是科学回答“时代之问”的伟大思想理论。以史为鉴、开创未来，必须坚持用马克思主义的立场、观点、方法观察时代、把握时代，坚持用党的创新理论深刻认识时代变化，为党始终走在时代前列提供科学指南。

在汇集人民意愿中顺应时代。始终坚持人民立场，坚持从民情中观察时代，从民意中把握时代，在顺应民心中顺应时代。

在总结历史经验中追踪时代。坚持从总结历史经验中汲取智慧与营养，看清楚过去我们为什么能够成功、弄明白未来我们怎样才能继续成功，不断发扬历史主动精神，自觉追踪历史发展趋势，在引领时代发展中争取新的胜利。

在扩大开放中融入时代。坚持以世界眼光关注人类前途命运，从人类发展大潮流、世界变化大格局中正确认识和处理同外部世界的关系，坚持扩大对外开放，吸收人类文明发展成果，深度融入时代发展潮流。

在保持先进性中引领时代。持续坚持自我革命，不断清除一切损害党的先进性和纯洁性的因素，不断清除一切侵蚀党的健康肌体的病毒，确保党勇立时代潮头。

（湖北日报全媒记者　周磊）

（《湖北日报》2021 年 11 月 23 日第 4 版）

在党史学习中夯实为民情怀

专访中央党校（国家行政学院）研究室主任郝永平

中国共产党的百年历史，就是一部践行党的初心使命的历史，就是一部党与人民心连心、同呼吸、共命运的历史。深深扎根于人民，依靠群众支持，凝聚群众智慧，中国共产党战胜了前进道路上的艰难险阻，取得一个又一个伟大胜利。继续保持同人民群众的血肉联系，不断在实际工作中发扬这一好传统、好作风，必将创造更加光明的未来。

感悟初心使命，坚定信仰信念

记者：始终同人民在一起，为人民利益而奋斗，是我们党立党兴党强党的根本出发点和落脚点。从百年党史中感悟初心使命，对于我们有什么现实意义？

郝永平：中国共产党的百年历史，就是一部践行党的初心使命的历史，就是一部党与人民心连心、同呼吸、共命运的历史。开展党史学习教育，就是要深刻认识中国共产党为什么能、马克思主义为什么行、中国特色社会主义为什么好，不断坚定“四个自信”，不断增强历史定力，增强做中国人的志气、骨气、底气。

中国共产党之所以“能”，就在于没有自己的特殊利益，始终把人民利益摆在最高位置。革命战争年代，李大钊、方志敏、赵一曼等无数革命先烈为争取民族独立和人民解放前赴后继、抛洒热血。据 1945 年党的七大时的初步统计：北伐战争、土地革命战争及抗日战争时期，在战场上牺牲了 76 万多人，其中共产党员 32 万多人，占将近一半。新中国成立后，我们党领导人民开展社会主义革命和建设、改变一穷二白的面貌，领导人民实行改革开放、推进社会主义现代化，都是为了人民根本利益而斗争。党的百年征程，就是一部为人民谋解放谋发展谋幸福的历史。

马克思主义之所以“行”，就在于它是人民的理论。马克思主义第一次站在人民的立场，揭示了人民为什么是自己的主人、社会的主人、历史发展的主人，为人民探求自身自由解放的道路和最终建立一个人人平等、人人自由的共产主义社会指明了奋斗方向。它代表绝大多数人的利益和历史进步方向。这是马克思主义能够跨越国度、跨越时代地植根人民之中，始终占据道义制高点的根本原因。

中国特色社会主义之所以“好”，就在于它是历史和人民的选择。1840 年鸦片战争后，近代中国陷入前所未有的民族危机。无数仁人志士前赴后继，探求救国救民的道路，都没能解决中国的前途和命运问题。直到十月革命一声炮响，中国先进分子才找到了解决中国问题的出路——社会主义。新中国成立后，我们党在探索中取得了重要理论成果和巨大成就，为开创中国特色社会主义积累了宝贵经验、理论准备和物质基础。改革开放后，我们党根据新的形势与任务，明确提出走自己的路、建设中国特色社会主义，并在实践中科学回答了建设中国特色社会主义的一系列基本问题，成功开创、坚持和发展了中国特色社会主义。由此可见，中国特色社会主义具有深厚的历史渊源和广泛的现实基础，既坚持了科学社会主义的基本原则，又具有鲜明的中国特色，既是历史的选择，又是人民的选择。

强化宗旨意识，恪守立党为公、执政为民理念

记者： 学史崇德，“德”的含义很广。您能从群众工作角度解释一下“德”指的是什么吗？

郝永平： 就是崇尚为民造福的公德。习近平总书记指出：“守公德，就是要强化宗旨意识，全心全意为人民服务，恪守立党为公、执政为民理念，自觉践行人民对美好生活的向往就是我们的奋斗目标的承诺，做到心底无私天地宽。”中国共产党人秉持“江山就是人民、人民就是江山”的执政理念，始终把群众路线贯彻到治国理政全部活动中。造福于民是我们党坚持人民至上价值追求的集中体现，也是共产党人必须崇尚的基本公德。

记者： 人民立场是中国共产党区别于其他一切政党的显著标志。为民造福，党员干部需要做到哪些方面？

郝永平： 为民造福，必须不怕牺牲。在党的百年历程中，共产党人为了人民的利益，前赴后继地进行了艰苦卓绝的斗争，付出巨大牺牲。比如，毛泽东同志一家为革命牺牲了 6 位亲人，贺龙元帅宗亲牺牲 2000 多人，徐海东大将家族牺牲 70 多人。全国仅有据可查的烈士就达 370 多万人。近代以来，没有一个政党能像我们党这样，为了人民的利益作出如此巨大的牺牲。共产党人用鲜血和生命践行了“为党和人民牺牲一切”的铮铮誓言，才赢得了人民的强有力支持。

为民造福，必须不怕吃苦。《中国共产党廉洁自律准则》明确要求，共产党员要坚持吃苦在前，享受在后，甘于奉献。回望来时路，我们党取得一切伟大成就，无不是苦干出来的。在社会主义建设时期，福建东山的人民群众自发形成了一个习俗，每逢春节、清明等传统节日，都会“先祭谷公、后祭祖宗”，他们带着朴素的感情缅怀带领他们艰苦奋斗、战胜贫困、过上好日子的谷文昌。谷文昌是千百万为造福人民不怕苦、能吃苦的

共产党人的缩影，展示了共产党人以苦为乐、以苦为荣、勇于吃苦、带头吃苦的壮阔胸怀和崇高品德。前进道路上，还会有新的“娄山关”“腊子口”要闯，有新的“雪山”“草地”要跨越，我们更要大力发扬不怕苦、能吃苦的精神，在新时代创造新的历史辉煌。

为民造福，必须不怕吃亏。为了实现全面建成小康社会奋斗目标，我们党展开了新时代脱贫攻坚的大决战，数百万党员干部舍小家为大家，奔向边远的贫困地区，将最美的年华无私奉献给了脱贫事业，涌现出许多感人肺腑的先进事迹。如献身教育扶贫、点燃大山女孩希望的张桂梅，用实干兑现“水过不去、拿命来铺”誓言的黄大发，回乡奉献、谱写新时代青春之歌的黄文秀等。

在为群众办实事上尽心竭力

记者：学习党史要把学习成效转化为工作动力和成效，防止学习和工作“两张皮”。党员干部怎样有效把学习成果转化为办实事、开新局的强大动力和智慧经验？

郝永平：当前，我国社会的主要矛盾已经转化为人民日益增长的美好生活需要和不平衡不充分的发展之间的矛盾，人民对美好生活的向往就是我们党的奋斗目标。今天学史力行就是要坚守人民情怀，在为群众办实事上尽心竭力，不断增强群众工作本领。

一是从思想观念上把人民放在心中最高位置，坚持人民主体地位，加深与人民群众的感情。二是践行群众路线，既注重在网络和现实空间中听民声、察民情、知民意，从人民群众中吸取营养、智慧与力量，又自觉接受人民群众的监督，把人民满意作为衡量标准。三是从政策安排上切实体现以人民为中心的思想，既体现在经济社会发展各个环节，又落实到各项政策措施中，多做便民利民惠民为民的实事与好事。四是始终顺应人民群众对美好生活的向往，尽心竭力解决好人民群众对就业、教育、医疗、居住、养老等物质文明方面的需要，解决好对自由、平等、公正、法治等政治文明方面的需要，解决好思想、道德、科学、文化等精神文明方面的需要。

记者：请您结合党史谈一谈，新时代的群众工作对党员干部提出了哪些要求？

郝永平：什么是共产党？共产党就是自己有一条被子，也要剪下半条给老百姓的人。党的百年历程，既诠释了全心全意为人民服务的根本宗旨，也镌刻着人民对党的支持和依赖。党之所以能够发展壮大，中国特色社会主义之所以能够不断前进，正是因为依靠了人民；党之所以能够得到人民拥护，中国特色社会主义之所以能够得到人民支持，正是因为造福了人民。

十八大以来，我们党立足于顺应人民群众对美好生活的向往，从最突出的问题抓起、从最现实的利益出发，切实解决基层的困难事、群众的烦心事，赢得了人心、凝聚了共识、稳定了预期。人民群众的获得感幸福感安全感得到显著提升，对美好生活增添了真切憧憬，坚定了跟党走的信心和决心。

因此，群众反对什么、痛恨什么，我们就要坚决防范和纠正什么；群众需要什么，我们就干什么。不断提升自身修养、增强拒腐防变和抵御风险能力，是共产党人的自我追求和永恒主题。

历史证明，我们之所以能在共同富裕道路上阔步向前，正是因为许多优秀共产党人甘于清贫、乐于奉献、勇于吃亏，不计得失地为人民办实事办好事，才使 9899 万农村贫困人口全部摆脱贫困，才创造出又一个彪炳史册的人间奇迹，也必将使党同人民的血肉联系更加坚实。

（中国纪检监察报记者 李自强）

（《中国纪检监察报》2021 年 4 月 6 日第 5 版）

后记

办好中国的事情，关键在党。全面建设社会主义现代化国家、全面推进中华民族伟大复兴，关键在党。中国共产党的领导是中国特色社会主义最本质的特征和中国特色社会主义制度的最大优势，是党和国家的根本所在、命脉所在，是全国各族人民的利益所系、命运所系。中国共产党是最高政治领导力量，坚持党中央集中统一领导是最高政治原则。坚持和加强党的全面领导，意味着提高科学执政、民主执政、依法执政的水平，意味着提升把方向、谋大局、定政策、促改革的能力，意味着发挥总揽全局、协调各方的领导核心作用。

回顾历史，在立党兴党强党的百年奋斗历程中，中国共产党为什么能不断战胜前进道路上的各种风险挑战，始终走在时代前列，接续创造出伟大奇迹与辉煌成就？展望未来，中国共产党如何带领中国人民全面推进社会主义现代化强国建设，顺利实现中华民族伟大复兴？只有对这两个问题作出深入思考，才能真正领悟中国共产党的成功之路。换言之，只有读懂中国共产党，才能全面把握近代以来的中国、今天的中国和未来的中国。

这就要求我们不仅在回顾辉煌历程中追寻成功密码，而且在明确路径选择中凝聚奋进力量；不仅在牢记初心使命中永葆政治本色，而且在不断践行中强化血肉联系；不仅在传承和弘扬共产党人精神谱系中提振精神动力，而且在高举理论旗帜中指导伟大实践；不仅在坚持和加强党的全面领导中凝心聚力，而且在引领前行方向、开创光明未来中保持定力；等等。对这些重大理论与实践问题的思考，既是理论工作者的庄严责任，也是本书谋篇布局的基本前提。当然，我们只是初步解读了中国共产党的成功之路。未来，我们还将进一步加强学习、深入思考、认真研究，努力为加强党的思想理论建设做更多有益的工作。

本书的出版依托理论团队多年来的共同努力与密切合作。郝永平拟定了全书的写作框架与结构布局，负责文章写作的组织与协调，承担了不少的写作任务，并对全书各章予以修改与统稿。黄相怀做了大量基础性的工作，对书稿的汇集与成型发挥了重要作用。具体写作分工如下：

第一章：郝永平，杜敏，孙林，毛强；

第二章：郝永平，黄相怀，孙林，任毅；

第三章：郝永平，黄相怀，孙林，代江波；

第四章：郝永平，黄相怀，许正中，孙林，洪巧英，赵慧；

第五章：郝永平，孙林，毛强，代江波。

本书的出版离不开人民日报出版社的精心策划和大力支持，感谢出版社领导与同志们一直以来的信任、鼓励与帮助。编辑同志们为本书的编辑、审校付出了辛勤的劳动，在此表示特别的谢意！

郝永平

2023 年 12 月 17 日